Ruth Eder

Ich spür noch immer ihre Hand

20. Dezember 2005

Ich kann vor meiner Traurigkeit nicht bis ans Ende der Welt davon laufen ....

HERDER spektrum

Band 5112

Das Buch

Fünfzehn erwachsene Töchter berichten in diesem Buch über diesen letzten Abschied von der Mutter. Jede hat den Schmerz auf andere Weise bewältigt, aber keine fühlt sich gänzlich frei und losgelassen von ihr, jede spürt noch immer die mütterliche Hand. Es sind Zeugnisse einer innigen Beziehung und eines schmerzvollen Abschieds. Beides gehört in diesen Berichten zusammen: das Leben und die Liebe sowie das Abschiednehmen und der Tod. Es ist ein bedrängend schmerzliches Buch, in dem angesichts des Todes die letzten Abrechnungen gemacht, die letzen Bilanzen gezogen werden, zugleich aber ein menschliches, mütterliches Buch, in dem sich bei jedem Einzelfall zwei Frauen angesichts des letzten Geheimnisses des Lebens, der Liebe, des Todes in größtmöglicher Offenheit begegnen – und Wege der Versöhnung und Verzeihung suchen und manchmal auch finden. So wird aus diesem Buch des Abschieds und der Trauer zugleich ein Buch des Ringens um Leben und Liebe, denn die Offenheit, mit der diese Töchter ihre Mütter auf dem letzten Weg begleitet haben, war für sie das Tor in ein verändertes Leben und eine neue Lebenstiefe.
Die Autorin, die diese Berichte gesammelt hat, konnte ihrer 93jährigen Gromutter, als diese zu Hause starb, die Hand halten; und auch ihre eigene Mutter starb in ihren Armen. Es waren wertvolle Erfahrungen für sie, nach denen ihr das Leben um vieles wertvoller erschien. Etwas von dieser Hoffnung möchte sie mit diesem Buch den Leser/Innen vermitteln.

Die Autorin

Ruth Eder, geboren 1947, Studium der Germanistik, leitende Redakteurin, seit 1984 freie Autorin bei Tageszeitungen und Zeitschriften, TV-Mitarbeit. Fachgebiet Frauen und Partnerschaft. Buchveröffentlichungen unter anderem: *„Die geschlagenen Frauen“, „Der pflegeleichte Geliebte“, „Jeder lebt sein Leben – und doch sind wir zusammen“*. Ruth Eder lebt und arbeitet in München. Bei Herder Spektrum: Die Mutter meines Mannes (Band 4806); Dauernd ist sie beleidigt (Band 5309); Endlich leben wie ich will (Band 5511).

Ruth Eder

Ich spür noch immer ihre Hand

Wie Frauen den Tod ihrer Mutter bewältigen

HERDER

FREIBURG · BASEL · WIEN

Gedruckt auf umweltfreundlichem,
chlorfrei gebleichtem Papier

6. Auflage

Lizenzausgabe mit freundlicher Genehmigung des
Orac Verlags

Veröffentlicht als Herder Taschenbuch, Freiburg 1996
www.herder.de
Herstellung: fgb · freiburger graphische betriebe 2004
www.fgb.de
Umschlaggestaltung und Konzeption:
R·M·E München / Roland Eschlbeck, Liana Tuchel
Umschlagmotiv: Oskar Schlemmer, Zwei Mädchenköpfe
gegeneinander, 1932

ISBN 3-451-05112-5

Für meine Mutter
HEDDA WOLFF EDER

8. 4. 1916 Wien – 11. 9. 1992 München

Inhalt

Das sind die Stunden, die wir nicht begreifen!
Sie beugen uns in Todestiefen nieder
Und löschen aus, was wir von Trost gewußt!
Und doch sind das die Stunden, deren Last uns Stille lehrt
Und innerlichste Rast.

Hermann Hesse

Vorwort

Ich spür noch immer ihre Hand

Als vor acht Jahren meine 93jährige Großmutter bei uns zu Hause, wo immer ihr Heim gewesen war, still und ganz ergeben starb, hielt ich ihre Hand. Meine Mutter, damals schon krebskrank, nahm mir noch am Totenbett das Versprechen ab, ihr auch einmal so hinüberzuhelfen.

Sechs Jahre darauf nur nahm mich der Tod beim Wort. Meine Mutter starb in meinen Armen, und ich faltete ihre Hände. Ich bedauere sehr, daß es im Krankenhaus geschah. Es war heiß, Spätsommer, sie brauchte ständig Sauerstoff, und ich war nur allzu erleichtert gewesen, als mir die Klinik für kurze Zeit die Verantwortung für die häusliche Pflege abnahm.

Sie wollte nicht um ihr Sterben wissen. Oder doch? Vielleicht bin ich nur auf ihre scheuen Andeutungen nicht feinfühlig genug eingegangen? Auch ich war am Ende meiner Kräfte. Es wird – trotz ambulanter Helfer – einsam im Haus mit einer Todkranken, die um ihr Leben kämpft. Von der Hospizbewegung hatte ich noch nicht gehört.

Niemand ahnte, daß es so bald schon sein würde, die Ärzte

sprachen von Monaten. Oder doch? Meine Mutter lehnte sich auf bis zuletzt, aber ich weiß nicht, was wirklich in ihr vorging. Sie ließ mich rechtzeitig rufen, als es zu Ende ging. Ich war bei ihr, sie spürte meine Liebe, und ich bin ihr dankbar, daß ich mein Versprechen wenigstens teilweise einlösen konnte.

Der Tod hat mich in diesen Jahren tief beschäftigt. Auch die Mütter zweier Freundinnen derselben Generation starben zu jener Zeit. Wir fingen an, darüber zu sprechen. Unter vier Augen, beinahe verschämt. Das Thema war und ist nicht populär.

Wir redeten viel von unseren Müttern: von Liebe, aber auch von Versäumnissen, als wir Kinder waren. Von Wärme und Unterstützung, aber auch von Eifersucht, Wut und Ablösung in den späteren Jahren. Wir gaben zu, wie hilflos wir uns schließlich gefühlt hatten angesichts ihres Sterbens. Sprachlos und voller Angst. Aber wir erkannten auch, daß aus Beistand und Anwesenheit in der Todesstunde Trost und Befreiung von Schuldgefühlen erwächst. Zwei von uns sind Mütter von Töchtern, die wir für die Zeit unseres Todes besser gerüstet wissen wollten, als wir es gewesen waren.

Damals entstand die Idee zu diesem Buch. Ich wollte versuchen, im Dialog mit anderen Frauen den Abschied von der Mutter, diesem für uns so entscheidenden Menschen, zu schildern und zu deuten. Ich habe gehofft, meine Trauer gemeinsam mit anderen Töchtern zu bewältigen und mich an das Entsetzen vor unserer eigenen Sterblichkeit allmählich heranzutasten. Daß auch unser Leben ein Ende hat, wird uns nie schonungsloser vor Augen geführt als durch den Tod unserer Mutter. War sie doch eine Frau, eine Mutter wie wir . . .

Söhne kommen in diesem Buch nicht vor. Ihr Abschied von der Mutter folgt anderen, wiewohl nicht weniger schmerzhaften Gesetzen. Frauen sind es überdies, die überwiegend für Hilfsbedürftige, Alte und Sterbende zuständig sind. Geburt und Tod sind Frauensache. Zu Hause oder in Heimen und Kliniken. Der Tod ist immer noch ein Tabu, ein offenerer Umgang mit unserer Endlichkeit muß vor allem von Frauen ausgehen.

Zunächst sprach ich mit Freundinnen, Kolleginnen, Sportkameradinnen. Bald meldeten sich deren Bekannte, Schwestern, Cousinen. Sie alle waren bereit, sich mit dem Sterben ihrer Mütter und dem angstvollen Fragen nach dem eigenen Tod auseinanderzusetzen. Und sie stimmten zu, die Ergebnisse in einem Buch veröffentlichen zu lassen, um auch anderen ihre Erfahrungen zugänglich zu machen. Ich habe die Interviews soweit wie möglich im Originalton gehalten. Namen und Orte wurden aus Gründen der Diskretion abgekürzt, manche geändert.

Fünfzehn Protokolle – die interessantesten Gespräche wurden ausgewählt – können nicht repräsentativ sein. Mit ihnen habe ich lediglich versucht, Ausschnitte unserer Wirklichkeit am Sterbebett zu zeigen.

„Wie im Rausch" habe sie sich gefühlt nach dem Gespräch, sagte mir Friederike M. Sie vermochte sich zum ersten Mal intensiv mit ihrer Mutterbeziehung und ihren Schuldgefühlen nach dem Abschied zu beschäftigen. Auch andere Frauen bekannten, das Interview habe in ihnen noch lange nachgewirkt. Ich traf jedoch auch auf Abwehr, namentlich bei Männern. Ausgerechnet dieses traurige Thema – hieß es –, kannst du denn da überhaupt noch lachen? In langen Zwiegesprächen saß ich mit den Frauen zusammen und ließ einfach ein Tonband mitlaufen. Mit den Erinnerungen kamen auch die Tränen, selbst wenn der Abschied von der Mutter schon über 40 Jahre zurückliegt. Auch ich werde lange um meine Mutter weinen.

Jede von uns spürt noch immer ihre Hand, jede auf ihre Weise. Im Guten und im weniger Guten. Ich danke allen, die den Mut hatten, sich Schmerz und widerstreitenden Gefühlen zu stellen, und damit vielleicht Leserinnen, die augenblicklich mit dem Sterben ihrer Mütter fertigwerden müssen, ein wenig zu helfen und Orientierung anzubieten. Ich habe sehr viel durch diese Gespräche gelernt und meine eigene Angst, meine Trauer, meine Liebe, meine Wut, meine Schuld und meine Hoffnung in jener meiner Gesprächspartnerinnen wiedererkannt.

Ich hoffe, daß auch unseren Leserinnen im Mitfühlen der Interviews der Gedanke an den Tod ein wenig vertrauter wird und ihnen damit das Leben – so wie mir – um vieles wertvoller erscheint.

Ruth Eder

Einleitung

Das letzte Tabu

„Nichts ist mehr so, wie es vor ihrem Tod war. Abgesehen von der schmerzlichen Lücke, die sie hinterließ, habe ich mich in meiner Betrachtung der Dinge sehr geändert und bin wohl jetzt erst richtig erwachsen geworden“, sagte mir Ursula K. im Gespräch über den Abschied von ihrer Mutter. Ursula K. ist eine moderne Frau, die im Beruf steht, viel unterwegs ist und „nebenbei“ noch ihre Familie mit zwei beinahe erwachsenen Kindern managt.

Dennoch bedeutet das Sterben der Mutter für sie, wie für jede Tochter – ungeachtet dessen, wie die Beziehung verlief –, einen tiefen Einschnitt in ihrem Leben. Stark ist die Prägung, die die Mutter in der Seele ihrer Tochter hinterläßt, intensiv die Verankerung ihrer Werte, Maßstäbe und Programme, auch oder gerade, wenn die Tochter sich dagegen auflehnt. Besonders für ein Mädchen ist die Mutter der Mensch, nach dem es sich ausrichtet und schließlich versucht, zwischen Zuwendung und Ablehnung, Anpassung, Revolte und Rivalität die eigene Identität als weiblicher Mensch in dieser Gesellschaft zu finden. Erkenntnisse über mütterlich geprägtes Rollen- oder Fehlverhalten und weibliche Psyche füllen Bände. Mager ist dagegen die Literatur, die sich mit dem Loslösen von der Mutter durch deren Tod beschäftigt.

Der Tod ist das letzte große Tabuthema, wenngleich allmählich Ansätze sichtbar werden, offener damit umzugehen. Er hat in den meisten Familien wenig Platz. Jung, dynamisch, stark und attraktiv hat man zu sein. Wer krank ist, alt oder gar dem Sterben nahe, wird, sobald er nicht mehr selbständig leben kann und Hilfe braucht, zumeist ausgemustert und in ensprechenden Anstalten – weitab vom wirklichen Leben – „entsorgt“.

Die Sterblichkeit ist etwas, das in seiner Endgültigkeit jede unserer Aktivitäten und Ziele radikal in Frage stellt; insbesondere unechte Werte wie immerwährende Jugendlichkeit, Erfolg, Anhäufung von materieller Scheinsicherheit, Konsumzwang, auf denen unser System basiert. Der Tod ist die „radikalste Form des Nicht-Funktionierens, der Verweigerung von Leistung und Konsum“, urteilt die Psychologin Christel Schachtner.

Der Gedanke, daß diese vermeintlichen Werte im Grunde höchst vorübergehend sind, erscheint uns zu beängstigend, um ausgehalten oder auch nur zugegeben werden zu können. Und was könnte mehr Angst auslösen als der Tod der Mutter? Führt er doch besonders der Tochter eindringlich die eigene Sterblichkeit vor Augen. Der Abschied von der Mutter bringt unweigerlich alles, was bisher im Leben der Tochter unecht und unerledigt ist, an den Tag – ebenso wie Versäumnisse der Mutter und Dinge, die zwischen den beiden unausgesprochen blieben.

Angesichts dessen ist es kaum verwunderlich, daß in unserer Zeit das Sterben im allgemeinen und das der Mütter im besonderen oft soweit wie möglich verdrängt, in Krankenhäuser oder in die Pflegeabteilungen sogenannter „Seniorenheime“ abgeschoben wird, die in stillschweigender Übereinkunft mit ihrer Klientel das „Negativ-Wort“ Alter aus ihrem Wortschatz gestrichen haben.

Nur wenige Bürger westlicher Industriegesellschaften mögen sich an den – zugegeben beängstigenden – Gedanken Rilkes erinnern, wonach jeder Mensch den Tod so unausweichlich in sich trägt „wie die Frucht ihren Kern“. Das Verdrängen des Abschieds ist aber nur eine Scheinlösung. Wenn es zu spät ist, Hilfe und Liebe zu geben, kommen die Schuldgefühle, und die unterdrückte Angst vor dem eigenen Tod drängt nur noch intensiver ans Licht. Manch protziges Begräbnis, manch halbseitige Todesanzeige haben ihren Ursprung in solchen Schuldgefühlen. Bedenkt man, welchen Aufwand wir treiben, den Tod aus unserem Leben zu verbannen, erscheint es sinnvoller, eben diese Energie in eine ehrliche Auseinandersetzung mit unserer Endlichkeit und damit mit Alter und Krankheit zu investieren.

Ob das Verhältnis herzlich oder distanziert war, ob man sich selten traf oder unter einem Dach lebte: Der Abschied von der Mutter erschüttert jede Tochter zutiefst. Und sei es auch nur, weil jetzt die Generation vor ihr im Gehen begriffen, der eigene Tod ein Stück näher gerückt ist. Welche Tochter weiß im Grunde nicht,

„daß ihre Stellung morgen jene sein wird, die sie heute dem Alter zuweist" – wie Simone de Beauvoir in „Das Alter" schreibt? Wenn Tod und Alter, der unvermeidliche, allen Lebewesen zu eigene Verfall, verdrängt werden, dann – so Beauvoir: „... offenbart sich das Scheitern unserer Zivilisation. Daß ein Mensch während seiner letzten Jahre nur noch Ausschuß ist, würde uns die Kehle zuschnüren, wenn wir die Alten als Menschen, die ein Leben als Mensch hinter sich haben, ansähen und nicht als wandelnde Leichname. Der Sinn oder Nicht-Sinn, den das Alter innerhalb einer Gesellschaft hat, stellt diese insgesamt in Frage, denn dadurch enthüllt sich der Sinn oder Nicht-Sinn des ganzen vorhergegangenen Lebens." Indem die Tochter den Tod der Mutter erlebt, erfährt sie ihre eigene Zukunft. Wenn sie die Mutter allein läßt am Ende des Lebens, wie wird es ihr einmal ergehen?
Indem der alte oder schwerkranke Mensch an die Nähe des Sterbens gemahnt, wird er selbst, werden Krankheit und Tod an Experten und Institutionen delegiert. Beerdigungsinstitute achten peinlich genau darauf, daß die Hinterbliebenen vom Klinikbett bis zur Beerdigung nicht mehr mit dem Toten in Berührung kommen.
Alternativen sind möglich. Alter und Tod, die mitgetragen werden von der Tochter, von den Enkeln, einer Familie, die den Sterbenden nach ihren Möglichkeiten begleitet bis zum Übergang, können viel von ihrem Schrecken verlieren. Wenn der endgültige Abschied vom Leben, bei aller Angst und allem Kummer, mit der Mutter soweit wie möglich geteilt wird, hat die Tochter, haben die Angehörigen ein Stück weit das Sterben gelernt: das Loslassen, das Sich-ins-Unvermeidliche-Fügen, das Sich-Ergeben in den großen Plan der Schöpfung, der nun einmal für kein einziges Lebewesen ewiges Dasein vorsieht.
Den Sterbenden bei seinem letzten Weg in Liebe und Anteilnahme zu begleiten macht keineswegs nur traurig und verzweifelt. Es macht auch stolz und froh, standgehalten zu haben, nicht geflüchtet zu sein, und lindert durch das Fehlen von Schuldgefühlen den Schmerz der Trauer. So schreibt die französische Ethnologin Anne Philipe kurz nach dem Tod ihrer Mutter: „Es war Viertel nach neun. Ich wußte nicht, was ich empfand: Eine gewisse Ruhe, fast das Bedürfnis zu schlafen und eine Art Erleichterung. Sie war

gestorben, wie sie es gewollt hatte, in ihrem Haus und in ihrem Bett, in meiner Nähe und ich in ihrer Nähe mit Körper und Herz. Uns liebend."

Was wissen wir vom Sterben und von einem Leben „danach"? In den Berichten wiederbelebter Menschen erkennen Thanatologen (Sterbeforscher) empirisch belegbare, charakteristische Übereinstimmungen, die eventuell auf Erfahrungen einer Art „Jenseits" schließen lassen. Dadurch rückt für die Menschheit erstmals die Möglichkeit heran, sich über den reinen Glauben hinaus durch die Erforschung des Todes dem Gesetz des Lebens ein winziges Stückchen anzunähern. Naturwissenschaftler begegnen diesem Forschungszweig aus Angst, als unseriös zu gelten, mit Zurückhaltung, dennoch wurde 1977 die „International Association for Near Death Studies" gegründet, die seither sogenannte Nah-Todeserlebnisse („near death experiences") in rund 60 Veröffentlichungen analysiert hat. Dabei stellte sich heraus, daß etwa ein Drittel aller Menschen, die schon einmal wiederbelebt wurden oder dem Tod sehr nahe waren, ein solches Erlebnis hatten.

Nach dem bisherigen Stand der Forschung sind folgende Kennzeichen von Nah-Todeserlebnissen charakteristisch: Der Sterbende erlebt sich plötzlich, wie er auf seinen Körper herabschaut, wobei sein rationales Bewußtsein weiterarbeitet und er manchmal sogar verschiedene Tests unternimmt, um diese neue Existenz zu überprüfen. Blinde können dabei nachweisbar sehen. Beim Verlassen des Körpers kommt es immer zu Schmerzfreiheit. Der Sterbende kann – zum Teil nachweisbar – die Gedanken der Anwesenden lesen und hat das Gefühl, durch Materie hindurchtreten zu können. Er geht – laut übereinstimmenden Berichten von Wiederbelebten – durch eine tunnelartige Übergangszone ein in eine lichte, paradiesische oder aber seltener auch in eine höllenartige Landschaft. Dort begegnet er verstorbenen Angehörigen und Freunden sowie göttlichen oder auch bösen Wesen. Diese Gestalten werden, so legen die britischen Psychiater Glenn Roberts und John Owen in einem Forschungsbericht dar, je nach Kultur unterschiedlich gedeutet: „Von keinem Hindu wurde berichtet, er habe Jesus gesehen, und kein Christ begegnete einer Hindu-Gottheit." Dann wird der Sterbende mit seinem Leben konfrontiert. Er sieht sein Leben an sich vorbeiziehen, empfindet noch einmal alle dazugehörigen Gefühle, auch die der Beteiligten, und es kommt zu einer Beurteilung aller eigenen Gedanken, Worte und Taten nach dem Maßstab der Liebe. Schließlich muß der Sterbende dann, oft gegen seinen Willen, in seinen Körper zurück. Erstaunlich mutet die Übereinstimmung dieser Forschungsergebnisse mit uralten religiösen Schriften wie z. B. dem Tibetanischen Totenbuch an.

Außer mit Nah-Todeserfahrungen beschäftigen sich Sterbeforscher vor allem mit dem Geschehen, wenn Leben wirklich zu Ende geht. Bereits 1969 hat Elisabeth Kübler-Ross aus ihrer Begleitung zahlreicher Sterbender vor allem in den USA ein Modell des letzten Weges eines Menschen abgeleitet. Das Sterben fängt danach an mit dem „Nichtwahrhabenwollen" des Todkranken, was seinen Zustand betrifft, führt über die „Auflehnung", das Hadern „Warum gerade ich?" zum „Verhandeln" mit Gott: „Wenigstens noch, bis mein Sohn aus der Schule ist", danach durch tiefe Depression und Kummer, der die endgültige Erkenntnis des bevorstehenden Todes begleitet. Im Idealfall schließt sich das Stadium des Sich-Fügens ins Unabänderliche und der Hoffnung auf ein Paradies an. Nicht alle Sterbenden durchlaufen den ganzen Weg, manche gehen abgefunden und getröstet, fähig zu innigem Kontakt und Gespräch mit ihren Angehörigen, andere in verzweifelter, stummer Auflehnung.

Die Sterbeforschung verfügt, was die Bedürfnisse Todgeweihter angeht, über klare Ergebnisse, die leider bis heute wenig genutzt werden. Danach erleben vier Fünftel aller Sterbenden die letzten Stunden in Altenpflegeheimen oder Krankenhäusern, wo elementare Wünsche der Patienten kaum erfüllt werden können. Das gilt besonders für die Möglichkeit der Angehörigen, anwesend zu sein. Denn es ist belegt, daß gerade Sterbende sich nach Streicheln und nach dem Klang vertrauter Stimmen sehnen.

Gerontologen (Altersforscher) und Thanatologen sind sich einig: Der Mensch muß sich mit seinem Sterben auseinandersetzen, um eine gewisse Reife, ja sich selbst zu erfahren. Wer den Tod annehmen kann, ist imstande, intensiver zu leben. Das gilt auch umgekehrt: „Je voller wir leben, desto bereiter werden wir sein für den Tod", wie die Forscherin Lily Pincus schreibt.

Das vorliegende Buch ist nur zum Teil „tod-traurig". Es ist auch

– gerade durch den Versuch, sich dem Tod ein wenig anzunähern – ein Plädoyer für das Leben und die Liebe. Denn was hätten wir dem Abschied des Sterbens entgegenzusetzen, wenn nicht die Liebe? Die Zuwendung und Hilfe für den Sterbenden, der wir in gar nicht allzulanger Zeit selbst sein werden. Es ist ein Plädoyer für eine Haltung, die in früheren Generationen und anderen Kulturen eine Selbstverständlichkeit war und ist: für mehr bewußte Hineinnahme des Todes in unser Leben. Denn wer das Sterben nahestehender Menschen mit durchlitten hat, wird vielleicht fähiger, den Rest seines eigenen Lebens anderen Menschen toleranter zu begegnen, seine knappe Lebensspanne dankbarer zu nutzen. Vielleicht vermögen gerade wir Mütter uns dann auch weniger an unsere Kinder zu klammern, weil wir das Freilassen in Liebe bereits „geübt" haben.

Anhand der zahlreichen Interviews mit Töchtern – die eindringlichsten sind in diesem Band enthalten – versuche ich, den schmerzhaften Trennungsprozeß von der Mutter aus der ganz persönlichen Sicht völlig unterschiedlicher Töchter zu schildern. Der Tod der Mutter, die endgültige – zumindest körperliche – Lösung von der oft wichtigsten Frau in ihrem Leben, wird von diesen Töchtern auf ganz verschiedene Weise und in ganz unterschiedlichen Lebensphasen erlebt: in der Jugend oder Reifezeit, als junge Mutter mit kleinen Kindern oder als selbst schon alternde Frau, für die das eigene Sterben bereits näherkommt.

Jede Mutter-Tochter-Beziehung ist anders. Jeder Abschied hat seine eigene Geschichte. Gute und weniger gute Erinnerungen, liebevolle und intensive, aber auch schuldbeladene Geschehnisse, Ablehnung und Wut kommen zur Sprache. In ehrlichen Interviews sprechen Frauen über Schmerz und Reue, Trauer und Haß sowie über Gefühle der Befreiung. Denn nirgends wird das vielschichtige Verhältnis zwischen Mutter und Tochter deutlicher offenbar als im Angesicht des Todes, ist doch unsere Persönlichkeitsstruktur einst im Wechselspiel mit den Müttern entstanden, ein Merkmal der „vaterlosen Gesellschaft", in der die meisten Väter berufsbedingt leider weitgehend abwesend sind. In den Gesprächen werden Themen wie Sterben im Krankenhaus, Umgang mit dem Alter, Sterbehilfe, Pflegeheime und die Frage nach einem wie auch immer gearteten Leben nach dem Tod berührt.

Ebenso wird das Problem angeschnitten, ob eine künstliche Verlängerung des Lebens, die nicht selten von der eigenen Angst der Mediziner vor dem Tod und dem Eingestehen ihrer Grenzen herrührt, wünschenswert ist. Die noch relativ neue Hospizbewegung, die sich seit einigen Jahren für ein menschenwürdiges Leben bis zum letzten Tag einsetzt, verdeutlicht zunehmend aufkommende Zweifel an diesen Methoden.
Gewiß, die Zeiten haben sich geändert. Der Trend zum Singledasein hält an. Die Großfamilie, in der Erwachsene, Kinder, Alte, Kranke und bedürftige Verwandte unter einem Dach miteinander lebten, arbeiteten und ihrem Tod entgegengingen (noch zu Anfang des Jahrhunderts starben 90 Prozent der Menschen zu Hause) ist ebenso passé wie das fraglose Vertrauen in die Tröstungen der Kirche und die Gewißheit eines ewigen Lebens. Wiewohl immerhin noch eine erstaunlich hohe Zahl der Bevölkerung, nämlich 50 Prozent, bei einer neuen Umfrage angab, in gewissen Abständen zu beten. Die zunehmende Hinwendung zu östlichen Lehren weist ebenfalls auf das Bedürfnis der Menschen nach Transzendenz und einer sinnvolleren Lebensweise hin.
Angesichts der Tatsache, daß immer mehr Menschen dank immer besserer medizinischer Versorgung immer älter werden und – so die Statistik – jedem Erwerbstätigen bald ein „Senior" gegenüberstehen wird, der Bevölkerungsanteil der Rentner also ständig zunimmt, ist schon aus rein praktischen Erwägungen heraus ein Umdenken im Umgang mit Alter und Tod dringend erforderlich. Krankheiten wie Krebs oder AIDS und der damit verbundene Einbruch des Todes in eine Altersgruppe, die sich bislang – außer in Kriegszeiten – sozusagen in Sicherheit wähnen konnte, zwingen uns ebenfalls allmählich zu einer anderen Einstellung.
Nie zuvor hat es weltweit einen so großen Anteil alter Menschen gegeben wie heute. Dies gilt vor allem für die Industrieländer und Europa. Ein Fünftel der Deutschen ist 60 Jahre und darüber. In vier Jahrzehnten wird voraussichtlich bereits mehr als ein Drittel der Bürger zu dieser Altersgruppe gehören, gleichzeitig wird der Anteil junger Menschen sinken. Dieser enorme Strukturwandel muß ungeahnte Folgen nach sich ziehen: Forscher plädieren bereits heute für ein stärkeres Einbeziehen älterer Menschen und ihrer Fähigkeiten in zahlreichen Disziplinen. Leider hat dies bisher lediglich zu

unverbindlichen Deklarationen gereicht: So hat die EG-Kommission 1993 zum Europäischen Jahr des älteren Menschen und der Solidargemeinschaft der Generationen ausgerufen.
Aber immer noch verdeutlichen groteske Erscheinungen, beispielsweise veritable „Bundesländer für Alte" wie der US-Bundesstaat Florida oder das ebenfalls dort praktizierte „lebensecht" geschminkte Aufbahren der „lieben Dahingeschiedenen", Verirrungen in dem verzweifelten Versuch, Verfall und Tod doch noch irgendwie zu entrinnen. Drogen, Alkohol, Arbeitswut, Fitneßwahn, Egozentrik, ja sogar manisches Telefonieren in jedweder Lebenslage sind Ausdruck unserer die dunkle Seite des Lebens verbissen leugnenden, jedoch um so unkontrollierbareren Todesangst.
Ebenso bizarr erscheinen die Nacht- und Nebelaktionen, in denen hierzulande die Toten der Altersheime heimlich weggeschafft werden, um nur ja das natürliche Ende eines Aufenthalts im „Seniorenheim" zu verschleiern und die Illusion eines immerwährenden Urlaubs aufrechtzuerhalten.
In einer Gesellschaft, in der das Wort „Alte" zu „Senioren" schöngeredet werden muß, kann es niemandem wundern, wenn nicht wenige jener noch rüstigen Senioren, besonders die in feudaleren Heimen, sich ausgerechnet bei Anlässen wie der Weihnachtsfeier, also dem Fest der Liebe, weigern, den Anblick ihrer rollstuhlfahrenden Heimgenossen aus der Pflegeabteilung zu ertragen. Nach dem Bericht eines Heimpfarrers erscheint wohl die hinfällige Verkörperung der eigenen Zukunft als allzu erschrekkend.
Folgerichtig wird in den „Seniorenheimen", eingedenk des allgemeinen Jugendwahns, von den Rüstigen verbissen gegen die Anzeichen des Alters angekämpft, das nicht nur von den Jungen, sondern leider auch von den Alten selbst zu Unrecht geringgeschätzt wird. Als „untauglich, unersprießlich, unerwünscht, ungesund, un-jung" – wie der Schriftsteller Jean Améry es beklagt, mag natürlich niemand gelten.
Gewiß, einen pflegebedürftigen Angehörigen bei der heutigen Wohnungssituation in einer Dreizimmerwohnung für vier Personen angemessen zu versorgen und im Sterben zu begleiten ist so gut wie ausgeschlossen. Deshalb werden menschenwürdige, al-

ternative Modelle, wie Hospize sie darstellen, zunehmend notwendig werden. Und auch für die guten Zeiten des Alters – immerhin leben 83 Prozent der Deutschen über 65 Jahren laut Statistischem Bundesamt, solange sie rüstig sind, in eigenen Wohnungen, in Österreich sind die Zahlen ganz ähnlich – sind bereits Versuche mit „integriertem Wohnen" in Wohnanlagen, ausgerichtet auf die Bedürfnisse aller Generationen, im Gange, bei denen Junge, Erwachsene und Alte wieder näher zusammenrücken und sich je nach Kräften gegenseitig unterstützen.
Die Älteren, die das wünschen (nicht wenige reiselustige „Senioren" pfeifen nämlich auf Jobs als Babysitter), nehmen im Rahmen dieser Wohnanlagen wieder nützlichen Anteil am Leben und betreuen sich gegenseitig oder die Kinder, während die Elterngeneration arbeitet. Beinahe so wie in der guten, alten Großfamilie, nur daß nicht alle Mitglieder miteinander verwandt sind. In solch einer Umgebung, beispielsweise in einem der Wohnanlage angegliederten Hospiz für Pflegebedürftige, könnte vergnügt gelebt, bei Abwesenheit gegenseitig auf Hund und Kanarienvogel aufgepaßt und schließlich geborgen und würdig gestorben werden. Es wäre Sache der politisch Verantwortlichen, mit mehr solchen „Mehr-Generationen-Modellen" innerhalb des Wohnungsbaus ein Zusammenrücken von Jung und Alt und damit ein Umdenken zu fördern.
Viele dieser Themenbereiche kommen innerhalb der freimütigen Bestandsaufnahmen zur Sprache und werden im Anschluß daran von mir kommentiert und zusammengefaßt. Damit möchte ich versuchen, aus dem Blickwinkel von uns Töchtern heraus zu einer offeneren Sicht des Todes als unabwendbaren Teiles des Lebens beizutragen. Durch das vorsichtige Annähern an unsere Ängste werden wir vielleicht fähiger, unsere so knapp bemessene Zeit nicht mit Unwesentlichem zu vergeuden, das uns Medien und Zeitgeist unablässig aufdrängen und das doch keinen Lebens-Sinn ersetzen kann. Ja ich hänge sogar der Hoffnung an, daß wir eingedenk eines neuen „memento mori" ein wenig mehr Mitmenschlichkeit wagen würden . . .

Nun ist es Zeit, wegzugehen:
Für mich, um zu sterben,
für euch, um zu leben.
Wer von uns dem besseren
entgegengeht, ist jedem verborgen,
außer dem Gott.

Sokrates

PROTOKOLLE

TÖCHTER ERINNERN SICH

Ein Gespräch über den Tod haben wir leider nie geführt

Petra B. (40), Journalistin

Mein Großvater, der mit meinen Eltern in meinem Elternhaus lebte, war vielleicht der einzige, der spürte, daß meine Mutter sterbenskrank war. Meine Mutter lebte immer mit ihrem Vater zusammen und war mit ihm sehr verbunden. Als er starb, war das ein schwerer Schlag für sie. Aber niemand von uns ahnte, daß sie ein Vierteljahr später selbst sterben würde.

Wenn ich mir heute Fotos von ihr aus dieser Zeit ansehe, meine ich, die Krankheit in ihrem Gesicht zu erkennen. Aber damals haben wir es nicht gesehen. Sie fühlte sich schwach, immer müde, aber wir dachten, die Krankheit und der Tod vom Opa habe sie so sehr mitgenommen. Er wollte zu einem Routine-Arztbesuch in die Stadt fahren, bekam einen Herzanfall und starb wenige Tage später im Krankenhaus. Er erlebte kein Siechtum, sondern war fit bis eine Woche vor seinem Tod.

Ich glaube nicht, daß sie dadurch einen wichtigen Halt im Leben verlor und vielleicht deshalb Leberkrebs bekam. Viel eher vermute ich, daß umgekehrt der Opa nicht miterleben wollte, wie seine einzige Tochter stirbt, und sich deshalb so schnell verabschiedet hat. Meine Mutter war zu dieser Zeit 55. Sie wurde schwach und schwächer. Ich war damals 30 Jahre alt, hatte gerade meine Tochter bekommen und lebte mit Mann und Kind in einer anderen Stadt. Mutti ging regelmäßig zum Arzt, der gab ihr ständig Stärkungsmittel oder ähnliche unspezifische Medikamente. Er kam

nicht auf die Idee, daß sie ernstlich krank sein könnte. Ihre Leber muß wohl schon länger geschädigt gewesen sein. Sie hatte über Jahre hinaus Medikamente genommen, weil sie an einer Arthrose und starken Schmerzen litt. Sie nahm immer ein bestimmtes Schmerzmittel, von dem ein Arzt ihr gesagt hatte, daß es nicht schaden könne. Sie schluckte dieses Zeug, da konnte man reden, was man wollte. Das hat sicher auch ihre Leber belastet.
Und dann gab es weiter zurück in ihrem Leben die Zeit, in der sie Alkoholikerin war. Damals kam viel zusammen: Sie hatte aufgehört zu arbeiten, hatte eine Ehekrise zu bewältigen und gleichzeitig kamen wohl die Wechseljahre. Sie fiel dabei nicht groß auf, machte das ganz dezent. Genauere Ursachen kenne ich nicht. Das ist eines der Dinge, die ich so sehr bedauere: Ich habe das nie mit ihr beredet. Warum dieser Alkohol? War es, weil Papa eine Freundin hatte, eine Frau, die er aus der Firma kannte? Das hat sich nach einiger Zeit wieder gegeben, ebenso wie das Trinken von Mutti. Ich lebte damals noch zu Hause und machte mein Volontariat bei einer Zeitung. Ich habe das schon mitbekommen, die versteckten Flaschen, das verstohlene Wegkippen. Aber ich war leider mit meinem eigenen Leben viel zu sehr beschäftigt, um wirklich auf ihre Probleme einzugehen. Und wer hätte gedacht, daß ihre Zeit so knapp bemessen ist?
Weil meine Mutter immer schwächer wurde, sollte sie endlich richtig untersucht werden. Ich kam von München aus angereist und erinnere mich genau an den Tag, als ich mit ihr ins Krankenhaus ging. Bevor wir in die Klinik fuhren, besuchten wir ein Ausflugslokal in der Nähe, in das man sonst als Einheimischer nicht geht. Vom Parkplatz aus führte ein steiler Weg hinunter zu dem Café, und ich habe sie gestützt. Sie war so leicht. Dieses Stützen war fast nicht möglich, weil sie kaum vorhanden war. Sie hatte immer gern Torten gegessen und bestellte sich auch an diesem Tag eine. Aber diesmal konnte sie nicht aufessen.
Während der anschließenden Untersuchung wartete ich auf sie. Nach einer Weile kam sie und sagte nur: „Ich muß nochmal untersucht werden. Die Werte der Bluttests bekomme ich noch mitgeteilt." Das war nicht weiter beunruhigend, obwohl klar war, daß noch kein Grund zur „Entwarnung" bestand.
Ich fuhr dann wieder nach Hause zu Mann und Baby, aber kurz

darauf kam der Bescheid: Leberkrebs. Das empfand ich schon als Schock, aber wir glaubten, daß sie damit noch Jahre leben könnte. Niemand dachte an ein Todesurteil, das in Kürze vollstreckt werden würde. Sie sicher auch nicht, obwohl ich nicht weiß, was wirklich in ihr vorging. Sie hat nicht protestiert. Sie hat sich, wie ihr ganzes Leben, mit dem abgefunden, in das gefügt, was da auf sie zukam. Ein Gehorsam dem Schicksal gegenüber. Im stillen war sie sicher religiös, aber wir waren alle nie Kirchgänger.
Sie hat die Diagnose gefaßt aufgenommen. Aber es war ein tiefes Unverständnis da, etwas Ungläubiges, ein ganz inneres Entsetzen in den Augen. Denn eigentlich war sie voller Pläne, die Ehe war wieder in Ordnung, und sie war doch erst 55! Mein Vater konnte sich sicher ein Leben ohne sie nicht vorstellen, weil er ihr seit seiner Jugend verbunden war. Sicher dachte er auch: „Was wird aus mir?" Männer können solche Verluste wohl viel schwerer verkraften und bleiben wirklich „alleine" zurück. Das habe ich aber nie mit ihm beredet.
Dann kamen die Pläne zur Erleichterung der Krankheit: Papa und ich kauften einen Krankenstuhl, eine Liege für den Garten, wo Mutti schöne, sonnige Stunden genießen sollte. Wir dachen, jetzt wird sie auf irgendeine Art behandelt, und dann kommt sie wieder nach Hause. Sie kam aber in den Osterferien ins Krankenhaus und verließ es nicht mehr. Sie starb am Muttertag, dem 8. Mai. Im Mai blüht immer an einem Hang, der von unserem Haus aus zu sehen ist, ein riesiges Rapsfeld. Jahr für Jahr. Es war auch vom Krankenhaus aus zu sehen. Wir haben immer zu ihr gesagt: „Bis der Raps blüht, bist du wieder zu Hause." Sie hat dieses Rapsfeld auch immer so gern betrachtet, dieses traumhafte, sattgelbe Stück Natur. Sie hat unsere Worte hingenommen und weder ja noch nein dazu gesagt. Da war wieder dieses Ergebene.
Ich weiß nicht, was sie wirklich gedacht hat.
Es wird so wenig gesprochen, wenn es ans Abschiednehmen geht. Erst ist da immer noch die Hoffnung, und man redet davon, wie man die nächste Zeit gestalten wird, um den Lebenswillen des Kranken zu erhalten. Ich dachte mir auch für mich, da ist ja noch ein Stück Zukunft, das ist ja nicht das Ende. Und die Ärzte haben sich unklar geäußert, murmelten etwas von inoperabel und nahmen wenig Therapeutisches in Angriff. Es war im Grunde zu

spät. Sie sagten, sie würde sterben, aber sie wüßten nicht, wann. Einen Zeitraum nannte keiner. Meine Mutter fragte auch nie danach. Ich glaube, sie wollte nicht so genau wissen, wie es um sie stand.
Der Übergang von der Phase des Hoffens zur Phase der Todesnähe kam sehr schnell und fließend. Als man über den Tod hätte reden können, war sie schon zu schwach oder durch Medikamente „neben sich". Einen früheren, geeigneten Zeitpunkt habe ich verpaßt. Die Schmerzen kommen bei Leberkrebs erst ganz am Ende, wenn die Geschwulst so groß ist, daß sie auf andere Organe drückt. Wenn Herz und Lunge nicht mehr ausreichend Platz haben, entsteht Enge und Atemnot. Sie war sehr müde, denn ihr Blut wurde immer schlechter. Wir glaubten aber trotzdem, sie käme noch heim, bis der Tod schon vor der Tür stand.
Was ich als besonders schwierig empfand, war die Zerrissenheit zwischen meinem Beruf und meiner Familie mit dem einjährigen Kind einerseits und meiner todkranken Mutter andererseits. Heute würde ich sagen: „Laß doch das bißchen Job." Ich hatte dann doch unbezahlten Urlaub genommen und war zum Glück die letzten zwei, drei Wochen bei ihr. Das war ja nicht lange, von Ostern bis zum Muttertag. Aber ein Gespräch über den Tod wurde leider nie geführt. Ich habe mich nie getraut, das anzuschneiden. Auch mit meinem Vater nicht.
Der Tod meiner Mutter hat ihn und mich nicht nähergebracht. Ich kann mich nie ganz lösen von der Idee, daß ihr Leben doch nicht so völlig glücklich war, obwohl sie bestimmt viel Freude miteinander hatten. Sie haben sich auch sehr geliebt. Er ist ein guter und gescheiter Mensch, aber auch ein Egoist, der sich sein Leben lang gerne bedienen ließ und der sie immer nur gefordert hat. Sie war eine schöne Frau, die er überall herzeigen konnte, sie hat viel gearbeitet, im Beruf und in der Familie. Mit 45 hörte sie als Chefsekretärin auf, da ging es dann aber schon los mit dem Alkohol. Mit meiner kleinen Tochter hatte sie in deren erstem Lebensjahr zum Glück noch viel Freude, aber da ich weit weg wohnte, konnte sie nicht so viel bei uns sein. Einmal sagte sie: „Siehst du, jetzt hätte ich endlich Zeit für dich, jetzt brauchst du mich nicht mehr. Und früher, als du mich gebraucht hättest, da war ich nicht da." Sie war sicher mit dem einen oder anderen in ihrem Leben nicht

ganz zufrieden. Ich hätte gern mit ihr darüber gesprochen. Vor allem über die Lebensphasen, in denen ich jetzt bin. Ich hätte sehr gerne gewußt, wie sie diese Zeit empfunden hat. Auch wie ihre Ehe wirklich war, denn mein Vater stellt sie heute nur noch als „Elysium" dar. Ich dachte immer, uns bliebe noch Zeit, dies alles zu besprechen.
Man müßte vielleicht so leben, daß man am nächsten Tag sterben könnte und mit seinen Lieben alles ausgetauscht hätte. Aber ich kann das nicht einmal mit meinem Vater realisieren. Obwohl meine Mutter vor ihrem Tod zu mir sagte: „Paß auf deinen Vater auf." Sie übergab mir quasi ihre Fürsorge für ihn.
Zwei, drei Tage vor ihrem Tod wurde klar, daß es nun zu Ende ging. Das sagte uns keiner, denn der große Professor war sehr wenig präsent. Aber sie war kaum bei Bewußtsein, ihr Blick schaute meistens durch einen hindurch. Die Hand hielt sie allerdings fest, bemerkte also wohl die Anwesenheit von mir oder meinem Vater. Meine Tochter nahm ich längst nicht mehr mit zu ihr. Die Einjährige fühlte sich ganz offensichtlich nicht wohl im Zimmer einer Sterbenden.
Ich schlief meist bei den Schwiegereltern. Papa rief mich Sonntag früh am Morgen an, daß es mit meiner Mutter zu Ende gehe. Die Schwestern hatten ihn benachrichtigt. Wir haben es sofort gesehen, als wir bei ihr eintrafen: Der Tod stand in ihr Gesicht geschrieben. Mein Vater und ich saßen links und rechts von ihr und hielten ihre Hände. Sie atmete noch ein paarmal schwer. Dann kam dieser deutliche, letzte Atemzug. Es war am Muttertag um sieben Uhr. Kaum war sie tot, fing der Chor zu singen an, der zum Muttertag in die Klinik gekommen war, um die Kranken zu erfreuen. Das wirkte auf uns wie inszeniert.
Wir waren noch eine halbe Stunde bei ihr. Vielleicht hätte ich alleine länger gesessen als mit Papa. Wahrscheinlich meinte jeder, er müßte dem anderen zuliebe weggehen.
Ich nehme eigentlich immer noch Abschied von ihr. Wenn ich ans Grab gehe oder an sie denke, wenn eine Verbindung geschaffen wird zwischen uns. Ich nehme diese Verbindung auch an und versuche, etwas nachzuholen.
Ihre Urne wurde im großen Grab meiner Großeltern beigesetzt. An der Seite liegt ein Extrastein, auf dem ihr Name steht. Die

zweite Frau von meinem Großvater ist auch da drin. Vor der Beerdigung habe ich versucht, meinem Vater zu helfen bei dem, was zu erledigen war. Da war die Sache mit dem Sterbehemd, man mußte die Urne aussuchen, die Zeitungsannonce aufgeben, Leute informieren, den Leichenschmaus organisieren. Dann bin ich wieder zurück nach Hause, und langsam erst habe ich mich mit dem Verlust auseinandergesetzt.

Ich habe meiner Mutter gegenüber keine Schuldgefühle, ich fühlte mich „rund" mit ihr, auch wenn vieles nicht ausgesprochen wurde. Ich fühlte mich geliebt, und sie wußte auch von meiner Liebe. Natürlich hätte ich noch viel zu bereden gehabt mit ihr, aber es stand auch nichts zwischen uns. Nein, Schuld empfinde ich ihr gegenüber nicht, vielleicht durch diesen letzten Moment, den ich bei ihr war. Ich habe sie auch gepflegt und gewaschen, was ich vorher noch nie bei einem Kranken tat. Ich habe versucht, diesen armseligen Körper zu vergessen, der noch übriggeblieben war: mit dünnen Beinen und aufgeblähtem Leib. Als ich sie nicht mehr heben konnte, haben das die Schwestern übernommen.

Ich hätte gern mehr von ihr gewußt oder mir doch mehr Zeit genommen, aber ich war da, als sie starb. Das ist wohl doch der Punkt.

Mit den Jahren wird ihr Verlust mir immer schmerzlicher bewußt. Diesen Gesprächspartner ersetzt einem so schnell niemand. Dieser Mensch, der alles für einen tun würde, ist nicht mehr da. Das ist der Vater nicht in dem Maße. Die Mutter ist ein Rückhalt, auf den man immer zurückgreifen kann und die das letzte Hemd für einen geben würde. Meine Mutter ist jetzt 11 Jahre tot, aber der Verlust tut nicht weniger weh. Das Problem, das geblieben ist, ist der Papa. Ohne meine Mutter ist er sehr wenig präsent, entwickelt keine Aktivitäten für Kontakte, sondern wartet eigentlich nur, daß ich mich bei ihm melde. Ich glaube, er fühlt sich sehr einsam ohne Mutti und bedauert sich auch selbst. Meine Eltern hatten ja eine sehr lange Gemeinschaft, sie kannten sich bereits mit 14 oder 15 Jahren. Sie waren in ihrem Wesen und bei ihren Unternehmungen sehr stark aufeinander eingestimmt, deswegen steht mein Vater heute manchmal dem Leben „fassungslos" gegenüber. Vielleicht weil die Dinge nicht mehr so abgefangen oder einfach erledigt werden, wie das meine Mutter gemacht hat. Das Geben und

Nehmen bei meinen Eltern war eben eine sehr eingespielte Sache. Dadurch, daß nichts mehr so ist, wie er es gewohnt ist, reagiert er unflexibel und wird zunehmend unverständig. Letztendlich, so habe ich mir überlegt, war sie doch die Stärkere in der Beziehung. Das habe ich allerdings während der Zeit ihrer Ehe nicht unbedingt bemerkt. Er war ein recht dominanter Vater und Ehemann, wie das früher eben üblich war. Diese Hilflosigkeit, mit der er sich jetzt in seinem Leben bewegt, zeigt erst, wie abhängig er war von ihrer Begleitung durchs Leben.

Der Tod meiner Mutter hat sicher die Beziehung zu meinem eigenen Kind intensiviert und wichtiger werden lassen, obwohl ich berufstätig blieb. Mit meiner eigenen Sterblichkeit kann ich nur schwer umgehen. Ich habe kurz nach dem Tod meiner Mutter selbst Krebszellen im Unterleib entwickelt. Wahrscheinlich ein Zeichen, wie einschneidend ihr Tod doch für mich war. Es war hart, auf einmal selber an den Tod zu denken. Beide Ereignisse gaben mir das Gefühl, das Leben intensiver leben zu müssen. Man versucht, noch näher an sich selbst und an das Bewußtsein des eigenen Lebens heranzukommen.

Durch den Tod meiner Mutter ist der Begriff Familie völlig verlagert worden auf meinen Mann, meine Tochter und mich. Auf diese kleine Zelle. Mein Elternhaus gibt es nicht mehr. Das hat vor allem mit der Wiederverheiratung meines Vaters zu tun. Seine Frau hat Dinge umgeräumt und ausgeräumt, ich mag dieses Haus nicht mehr. Es hat auch so viel Leid beherbergt, es hat keine gute Atmosphäre. Ich hätte gern den Papa dort herausgehabt, aber er will unbedingt bleiben.

Ich habe nicht den Eindruck, daß ich, seit meine Mutter tot ist, mit dem Thema Sterben besser oder lässiger umgehen kann. Ich habe immer noch Angst davor, und ich würde mich noch lange nicht als Person sehen, die einer tödlichen Krankheit überlegt entgegentreten könnte.

Es ist mir aber klar geworden, daß der Tod nicht unendlich weit entfernt ist. Wenn ich so alt werde wie meine Mutter, habe ich keine 15 Jahre mehr zu leben. Es könnte aber auch sein, daß es weniger oder aber viel mehr sind. Die Endlichkeit ist mir durch Muttis Tod sehr klar geworden. Man muß für jede Minute, für jeden Tag dankbar sein.

Ich denke schon, daß meine Mutter noch um mich, um uns ist. Die Momente, wenn ich plötzlich ganz stark an sie denken muß, kommen bestimmt nicht von ungefähr. Es ist dann eben an der Zeit, an sie zu denken und Kontakt aufzunehmen auf einer Art geistigen Ebene. Genau einen Monat nach ihrem Tod fuhr ich zu einer Reportage ins Allgäu. Ich hatte meine Gedanken überall, schaute aber zufällig genau um die Zeit, als sie gestorben war, zehn Minuten vor sieben, auf die Uhr. Da blühte gerade der Raps auf den Feldern, hellgelb und prächtig. Der Stuhl, den wir damals extra für sie fürs Badezimmer gekauft hatten, der steht heute noch dort. Jedenfalls hat diese Frau, so sanft sie war, in allen von uns deutliche Spuren hinterlassen. Sie ist im Grunde sachte gestorben, sie hat sich in ihr Schicksal mit einer gewissen ungläubigen Ergebung gefügt. Es ist ihr ergangen wie uns: Der Übergang von der Hoffnung zur Todesahnung war zu schnell und fließend.

Aber als sie tot war, hatte ihr Gesicht einen ganz ruhigen Ausdruck. Ich denke oft daran, welche erstaunliche Lücke ein Mensch hinterläßt, der irgendwo sein kurzes Leben lebte und nichts für die große Welt hinterließ. Oder eben doch.

Ich habe einen ganzen Tag bei ihr Totenwache gehalten

Julia Z. (36), Sozialpädagogin

Meine Mutter bekam mit 64 Krebs, und es war bald klar, daß sie sterben würde. Die ganze Familie wartete angstvoll darauf. Drei meiner erwachsenen Geschwister wohnen in der Nähe der Eltern. Im letzten Jahr ihres Lebens – sie starb vor zwei Jahren mit 65 – bin ich alle vier Wochen heimgefahren. Immer wieder überlegte ich, was ich ihr noch Wichtiges sagen wollte oder ihr mitgeben könnte. Beispielsweise in Form eines Gedichts oder eines literarischen Zitats. Aber meine Mutter wollte über den Tod nicht sprechen. Das machte alles schwierig. Ich mußte ihr die Dinge symbolisch mitteilen, und das habe ich auch versucht. Bis heute weiß keiner von uns, ob sie von ihrem nahenden Tod wußte. Selbst ihre engsten Freundinnen nicht.

Sie hat am Ende, als sie schon im Koma lag und der Pfarrer bereits bei ihr war, noch einmal kurz die Augen geöffnet. Meine Schwester hat ihr ein Rilke-Gedicht vorgelesen. Meine ganze Familie, alle Geschwister und mein Vater, saßen um sie herum, außer mir. Sie erzählten später, ihr Blick sei noch einmal über alle hinweggeschweift – konzentriert, gesammelt –, eine Träne sei ihr langsam über das Gesicht gelaufen. Meine Familie hat empfunden, daß sie den Tod in diesem Moment gespürt hat und mit Bewußtsein Abschied genommen hat. Kurz vorher war ihr Blick aus dem Fenster gegangen, zu einem Zeppelin und zu den Vögeln. Alles, was im Himmel so fliegt, zog sie magisch an.

Sie war, als ich sie zum letzten Mal sah, wie sonst auch und hat in ihrer typischen Art über einige Leute geschimpft. Das hat mich aufgeregt, weil ich damit nichts anfangen konnte. Ich hätte gern mit ihr übers Sterben gesprochen, aber sie hat das nicht mit sich machen lassen. Sie ist diesen Weg nicht so gegangen, wie ich mir das gewünscht hätte. Das heißt, wir waren immer in dem Bewußtsein bei ihr im Krankenhaus, sie im Sterben begleiten zu wollen, und sie selber saß da, wie sie immer saß. Sie wollte hören, wie es uns im Alltag geht. Ich fragte sie einmal, ob es ihr denn nicht guttäte, daß ihre Freundin jeden Tag käme, das wäre doch sehr schön. Sie fing aber an, sich von dieser Freundin in einer Weise abzugrenzen, wie sie das eigentlich immer tat: „Ja ja, das ist schon sehr nett, aber wenn du wüßtest . . .“ Und dann kamen Bemerkungen über deren stilloses Wohnzimmer. Die Freundin sei ja ganz nett. Aber der Geschmack . . . Ich dachte dann oft, das gibt es doch nicht: Sie liegt im Sterben und redet so? Aber ich erwarte wohl auch zuviel. Es ist wohl so, daß die Menschen so sterben, wie sie gelebt haben. Genau so. Und man muß es akzeptieren.

Als meine Mutter noch gesund war, hatten wir eine sehr geklärte Beziehung. Ich habe immer exzessiv alles herausgelassen, was mich gestört oder bedrückt hat . . . Ich war das Enfant terrible der Familie, das sie angeblich immer sehr provoziert und mit ihr gekämpft hat. Schon als kleines Kind. Ich habe dafür sehr viel

Prügel bekommen. Ich war die jüngste von den vier Töchtern und von diesen die Aufmüpfigste.
Gleichzeitig hatte meine Mutter jedoch vor mir großen Respekt. Das habe ich deutlich gespürt. Uns verband eine Art Haßliebe. Wir hatten eine respektvolle, aber auch sehr kämpferische Beziehung. Sie hat oft gesagt, daß sie mit mir nicht fertig wird. Sie war – ebenso wie ich – eine starke Frau und eine sehr dominante und rigorose Mutter. Keine sehr warmherzige Mutter. Ich habe von klein auf – als Skorpion – mächtig gekämpft und mich gegen sie ins Zeug gelegt. Das finde ich im nachhinein sehr gut, weil ich nun, nach ihrem Tod, merke, daß ich mich gut von ihr abgelöst habe. Ich habe diese Beziehung mit meiner Mutter ausgelebt, ich bin an die Grenzen gegangen und habe meine Mutter konfrontiert, auch im Positiven. Ich habe mit ihr immer das Gespräch gesucht und habe versucht, mich mit ihr auseinanderzusetzen. Soweit sie das konnte, ist sie dabei mitgegangen.
Die Beziehung meiner Eltern war schlecht. Sie konnten nicht enstpannt sein miteinander, konnten weder herzhaft streiten noch herzhaft lachen. Es war immer eine gedämpfte Atmosphäre voll lauernder Spannungen. Und meine Mutter hat immer subtile Mißachtung gegenüber meinem Vater ausgedrückt. Das habe ich meiner Mutter immer vorgeworfen. Es gibt ein paar Themen, die mich mit ihr sehr stark verbinden, im Negativen wie im Positiven. Das habe ich ihr auch auf dem Sterbebett sagen wollen. Das war eine meiner wesentlichen Botschaften. Ich wollte sie davon entlasten und ihr sagen, daß ich diese Themen von ihren Schultern nehme in mein Leben hinein, auch als eine Art Auftrag. Ich habe ihr das indirekt gesagt, indem ich über meine Themen gesprochen habe. Ich sagte ihr nicht, daß ich das vor ihrem Tod noch klären möchte. Ich glaube aber, daß sie mich verstanden hat.
Die Generation meiner Mutter hat sehr viel unausgesprochen gelassen. Obwohl es verstanden war, da war, wurde aus einer Scheu heraus nicht darüber gesprochen. Auch in puncto Sexualität. Das war bei uns ein Thema, das ich regelrecht durchgeboxt habe. Ich habe beispielsweise durchgesetzt, mit meinem jeweiligen Freund im Hause zu schlafen. Meine Mutter hätte gewollt, daß er im Hotel schläft. Da gab es bittere Kämpfe. Außerdem habe ich meine Mutter mit Briefen bombardiert, worin ich mich über

Sexualität ausgelassen und ihr das einfach zugemutet habe. Genauso habe ich es mit der Politik gemacht und mit meinen unkirchlichen Vorstellungen von Spiritualität.
Vor allem aber konnte ich nicht akzeptieren, daß sie meinem Vater vorwarf, was sie selbst nicht lebte. Das ist so typisch für diese Generation. Sie gehörte zu den Frauen, die nicht mehr ungebrochen Hausfrau und Mutter waren. Sie war Akademikerin, hat ihren Beruf aber nicht richtig praktizieren können mit vier Kindern. Zudem war sie immer der Meinung, daß mein Vater nicht der Mann ist, den sie verdient hätte. Das hat sie ihn immer spüren lassen. Sie hat ihm eigentlich immer vorgeworfen, daß sie ihn geheiratet hat. Dadurch hatte sie ihn unglaublich fest am Gängelband. Grauenhaft. Ihm habe ich wiederum vorgeworfen, daß er sich auf diese Weise behandeln ließ. Ich glaube, bei meiner Mutter eine große Sehnsucht nach einem stärkeren Gegenüber empfunden zu haben. Das war er nicht. Sie hat ihn oft provoziert und sicher gehofft, daß er endlich mal Stärke zeigt. Meine Mutter hat in ihrem eigenen Frauenleben so viele Dinge nicht ausgelebt und dafür den Mann bestraft als vermeintlichen Täter, der sie ihrer Möglichkeiten beraubt hat. Dieses Delegieren finde ich unerträglich.
Meine Mutter hat es geschickt vermieden, daß wir innerlich für unseren Vater Partei ergriffen. Sie hat es erreicht, daß wir uns auf ihre Position einschwangen und unseren Vater ebenfalls für stur hielten, was er gar nicht war. Er ist jetzt 74. Er wird sehr schlecht mit ihrem Tod fertig und fühlt sich unendlich schuldig. Wahrscheinlich wird er sterben, um diese Schuld abzutragen. Er macht sich Vorwürfe, sie nicht genug geliebt zu haben, ihr nicht gerecht geworden zu sein, Fehler gemacht zu haben. Er hat offenbar verinnerlicht, was sie ihm immer vorgeworfen hat.
Er kann seine letzten Jahre überhaupt nicht genießen. Ich hatte gehofft, daß er jetzt beispielsweise anfängt zu reisen, aber das ist nicht der Fall. Im Moment geht es ihm noch gut, weil er viel Sport treiben kann und täglich spazierengeht. Abends schaut er allerdings von 19 Uhr bis ein Uhr fern. Das ist alles. Er hat zwar gute Freunde, aber das zählt für ihn nicht wirklich. Er hat sogar eine Freundin, mit der er jeden Tag spazierengeht. Gerade die Frauen in seiner Umgebung fragen ihn oft, wie es ihm geht und ob sie ihm nicht mal einen Kuchen backen sollen. Er ist eigentlich gut

versorgt. Aber er hat von sich aus keine Lebenskraft mehr, da kann um ihn herum sein, was will. Meine Mutter hat ihm eben morgens gesagt, was er zu tun und was er nicht zu tun hat. Das fehlt ihm jetzt.

Ich habe meine Mutter, als es dem Ende zuging, oft gefragt, was sie zur Zeit liest und welche Gebete und Gedanken ihr jetzt wichtig sind. Offener konnte man über ihren Zustand nicht sprechen. Die vielen offenen Türen, die man ihr angeboten hat, hat sie nicht durchschritten. Das Thema Tod beziehungsweise Lebensbilanz war tabu. Sie hatte sicher einige Bücher über das Sterben gelesen. Ihre ganze Bibliothek ist voll mit Büchern über „lieben lernen", „loslassen können", „sterben können", aber das hatte für sie keine nach außen sichtbare Konsequenz.

Sie war schon lange Jahre mit allen möglichen Krankheiten hochgradig belastet gewesen. Sie war geraume Zeit tablettensüchtig, hatte ständig Rheuma, Rückensschmerzen, diese ganzen Festhalte-Symptome.

Im Grunde ist diese Frau allen Menschen innerlich ein Rätsel geblieben. Sie hat sich niemandem wirklich geöffnet. Nur indirekt, in Gesprächen. Ich habe manchmal mit ihr sehr gute Gespräche geführt, wir haben uns zum Teil auch sehr gut verstanden. Letztendlich aber hat sie ihr Herz verschlossen. Im Grunde ist sie völlig einsam gestorben. Da ist nur noch der liebe Gott für sie gewesen.

Ich habe meine Mutter zum letzten Mal etwa eine oder zwei Wochen vor ihrem Tod gesehen. Sie war schon ein halbes Jahr – immer wieder mit Unterbrechungen – im Krankenhaus. Sie hat dort noch eine ganz tolle Erfahrung gemacht: Sie hat praktisch die ganze Abteilung menschlich dirigiert. Sie wußte von der neuen Liebe der Krankenschwester Soundso, hat ihr ein Verlobungsgeschenk aussuchen lassen von uns. Die Lebenssituation der Krankenschwester Soundso kannte sie auch. Sie war sehr beliebt als Patientin, war immer in derselben Abteilung, hat sich dort sehr gut benommen und noch einmal sehr viel bekommen.

Alle haben sie nochmal besucht, weil deutlich war, daß sie stirbt. Sie bekam sehr viel Zuwendung und mußte sich um nichts mehr kümmern. Sie war einfach nur da und hat das auch sehr genossen. Ich bin sicher, daß sie sich in dieser Zeit noch ganz viel geholt hat und daß das für sie sehr gut war.

Sie hätte dann aber auch nicht später sterben dürfen. Ich hatte das Gefühl, nun muß es auch wirklich sein. Auch dies letzte Ereignis hat eine Spannungskurve: Die Menschen kommen noch mal alle, sie sind alarmiert, geben sich Mühe, nehmen sich Zeit, kommen von weit her. Aber wenn sich das endlos hinzieht, kommen sie eben nicht mehr jedes Wochenende. Ich hatte richtig Angst für sie, daß das schließlich abebbt. Aber sie ist genau zum richtigen Zeitpunkt gestorben. Genau auf dem Höhepunkt der Kurve. Das hat mich sehr beeindruckt. Auch daß sie ihren 65. Geburtstag noch abgewartet hat.

Vorher habe ich sie immer im Abstand von rund vier Wochen gesehen. Jedesmal war sie mehr verfallen. Den Niedergang erkennt man genauer, wenn man ihn nicht täglich miterlebt. Aber sie hat sich nie gehenlassen. Sie war nur noch Haut und Knochen, als ich sie zum letzten Mal sah. Der Chefarzt kam, und sie hat sich immer noch die Lippen geschminkt, sich aufrecht ins Bett gesetzt und ihre Perücke zurechtgezupft. Sie war wieder ganz Dame. Ich dachte, wann wird das wohl aufhören? Wann kommt der Zeitpunkt, an dem man sich als Frau gehenläßt? Aber diesen Punkt habe ich bei ihr bis zum Ende nicht erlebt. Geraucht hat sie komischerweise auch noch bis zum Schluß.

Die Todesnachricht kam nachmittags. Es war im August. Ich kam vom Wochenende, an dem ich sehr intensiv gearbeitet hatte. Als ich zurückkam, war auf dem Anrufbeantworter die Nachricht einer meiner Schwestern. Ich rief zurück, und meine Schwester war dran, die mir dann alle Einzelheiten erzählte. Ich war froh, daß sie es war, denn mit ihr kann ich mich am besten verständigen. Ich weinte daraufhin sehr, geriet aber komischerweise in eine sehr aufgeregte, lustbetonte Stimmung. Eine Stunde später kam mein Freund. Ich spürte plötzlich heftiges körperliches Verlangen, und es entwickelte sich eine intensive, spontane Liebesstunde. Erst hinterher erzählte ich ihm vom Tod meiner Mutter, und er war ziemlich irritiert über diesen impulsiven Überfall in so einer Situation.

Ich habe auf dem Höhepunkt gemerkt, daß ich geweint habe. Es war so ein Schluchzen, Stöhnen, Weinen. Am liebsten hätte ich auch geschrien, konnte das aber wegen der Nachbarn nicht. Es war so schön, dieses Ja zum Leben und trotzdem dieser Abschied.

Diese Dinge liegen in der Sexualität so nahe beieinander. Ich dachte dabei die ganze Zeit an meine Mutter und ob sie das jetzt wohl sieht. Daß ich sie jetzt damit konfrontiere, unmittelbar nach ihrem Tod, daß ich alles ein bißchen anders mache als sie.
Ich empfand das zugleich als eine Würdigung und eine Konfrontation. Ich dachte, Mutti, das mußt du jetzt einfach verkraften, aber es ist auch für dich. Es hatte etwas Befreiendes, daß ich ihren Tod auf meine Art erleben konnte.
Am selben Abend noch bin ich mit dem Nachtzug heimgefahren. Meine damals 11jährige Tochter kam mit. Sie hatten meine Mutter extra wegen uns noch nachts im Krankenhaus aufgebahrt. Sie lag in ihrem Krankenzimmer, hatte eine Binde ums Kinn. Ich mußte mich zunächst um meine Tochter kümmern und versuchen, ihr diesen Anblick nahezubringen. Sie war jedoch schockiert und ist es heute noch. Das stimmt nämlich nicht mit dem friedlichen Aussehen und dem: „Sie ist jetzt ein Engel . . .“ Das wird alles harmonisiert. Meine Mutter sah hart aus und weder glücklich noch friedlich. Eher verquält. Ich hatte das Bild von meiner Oma auf dem Sterbebett in besserer Erinnerung. Ich habe aber leider meiner Tochter gegenüber so getan, als fände ich sie friedlich. Die übrige Familie hatte nur auf uns gewartet und ging dann mit meiner Tochter nach Hause. Ich blieb mit meiner Mutter allein. Es hieß, sie werde gleich abgeholt, und ich wollte noch so lange bei ihr sein. Es wurden sechs oder acht Stunden, die ich an ihrem Totenbett verbrachte. Meine Schwester hatte ein Rilke-Gedicht neben ihr aufgeschlagen, es war eine Kerze da, ein Blumenstrauß. Sie hatte eine Rose auf ihren Händen. Ich hatte ein Barockkonzert auf Kassette dabei, das habe ich die ganze Zeit über gespielt – auch um die Alltagsgeräusche der Klinik zu übertönen, die seltsam befremdlich klangen, im Angesicht des Todes.
Ich saß den ganzen Sommertag von morgens bis abends bei ihr und habe Totenwache gehalten. Erst weinte ich, fiel schließlich in ein Wechselbad der Gefühle zwischen heiß und kalt, wütend und zärtlich. Ich habe unsere ganze gemeinsame Geschichte Revue passieren lassen. Vor allen Dingen ihr Leben. Ich habe versucht, mich darauf zu konzentrieren, was sie für ein Leben verlassen hat. Ich habe in dem Bewußtsein dagesessen, daß sie irgendwie noch anwesend ist. Ich hatte aber nicht das Gefühl, daß sie noch in

ihrem Körper ist. Der war nur noch Materie und faszinierte mich auf seltsame Art. Ich habe immer wieder ihren Kopf in die Hand genommen und war erstaunt, wie schwer er ist. Wie hart der Knochen ist und was der aushält. So stabil – ein Supermaterial! Ich hatte keinerlei Scheu, sie anzufassen. Ich habe ihre Beine angefaßt. Sie waren so kalt und dünn. Das war für mich ganz wichtig, denn sie hatte sich uns auch körperlich immer verwehrt und verweigert. Es war ungeheuer wichtig für mich zu spüren, wie fühlt sich meine Mutter an. Was ist das für ein Körper?
Wir waren nie sehr zärtlich miteinander gewesen. Ich hatte sie auch lange nicht mehr nackt gesehen, wenn überhaupt. Ich kann mich nicht mehr erinnern. Wir haben sie im Ankleidezimmer mal gesehen, wenn sie schon Strümpfe und Mieder anhatte, aber fast nie nackt. Die Stunden an ihrem Totenbett waren vielleicht der intimste Moment, den ich je mit meiner Mutter hatte. Vor allen Dingen hatte ich die Situation in der Hand, weil ich allein mit ihr war. Ich hatte darüber zu entscheiden, was ich fühlte und wie ich das fühlte. Daß ich sie anfaßte, bedeutete für mich große Macht. Ich habe das Bettlaken hochgehoben und sie mir genau angeschaut. Nackt. Das war für mich eine enorme Tabu-Überschreitung, denn das hätte sie von sich aus nie erlaubt. Sie konnte diese Grenze nicht mehr ziehen, und ich habe mir erlaubt, diese Grenze zu überschreiten. Das hatte auch etwas Aggressives. Ich spürte tatsächlich auch viel Aggression. Die Zeiten, in denen sie mir weh getan hatte, waren auch sehr präsent, es war keineswegs nur Friede, Freude, Eierkuchen.
Es war auch Wut. Trauer und Wut und Mitgefühl für ihr Leben, auch das, was sie nicht gelebt hatte. Wut wegen den Dingen, die sie mir angetan hatte. Wenig Trauer. Ich merke inzwischen, daß das Kind in mir um den Verlust fast gar nicht getrauert hat, weil ich mich auch fast gar nicht mehr als ihr Kind gefühlt habe. Es war wenig Emotion dabei. Wenn ich geweint habe, dann mehr aus Selbstmitleid oder wegen des Todes an sich. Dieses Weinen hat sich losgelöst von der Person meiner Mutter und nahm vielmehr ihren Tod als Anlaß zum Weinen. Im Grunde ist mir die Fremdheit zwischen ihr und mir in diesen Stunden deutlicher geworden denn je. Meine Abgrenzung, das Kämpferische unserer Beziehung, aber auch ihr Vermächtnis.

Es hat sich mir in dieser Situation sehr tief eingeprägt, was ich nicht so machen möchte wie sie. Daß ich diesen Bannkreis ihres Frauseins mit meinem Vater, in dem sie immer geblieben ist, durchbrechen möchte und dadurch auch etwas für sie tun kann. In diesem Generationen- und Frauen-Zusammenhang habe ich einen roten Faden gespürt, den ich aufgreifen kann, den ich weiterführen kann im Sinne einer Lebensaufgabe. Nicht im Sinne einer Antihaltung.

Ich glaube nicht, daß ich um meinen Vater tiefer trauen würde. Ich bin von ihm auch schon ziemlich weit weg. Ich merke das daran, daß ich vor allem hoffe, daß er in Frieden sterben kann. Und daß ich mich ohne Verlustangst – eher neugierig – frage, in welcher Art er vom Leben Abschied nehmen wird. Ich komme nicht damit zurecht, daß sich Menschen so wenig mit dem Sterben geistig auseinandersetzen. Da bin ich so anders. Es ist eigentlich erschütternd, daß zwischen uns so wenig innere Verbindung entstanden ist.

Aber diese Generation hat sich ihren Kindern viel weniger mitgeteilt, als ich es beispielsweise mit meiner Tochter tue. Meine Eltern hatten halt die vier Kinder und das eigene Leben. Ich weiß so wenig über meine Eltern. Wenn ich denke, was meine Tochter schon über mich weiß, was sie alles aus mir rausfragt . . . Es ist eigentlich traurig – da stirbt meine Mutter, und es ist letztendlich so wenig an wirklicher Bindung da.

Dennoch habe ich ein Gefühl davon, was sie mir mitgeben hat: sehr viel Rückgrat und ihren Glauben an mich. Ihren Respekt habe ich immer gespürt. Aber eben nur den. Ich habe auch heute keinerlei Schwierigkeiten zu spüren, daß man mich respektiert. Aber einfach nur geliebt zu werden, einfach nur etwas zu spüren, da ist bei mir sehr wenig emotionaler Grund dahinter. Das Wichtigste ist für mich bis heute die Achtung, die Würde geblieben.

Aber das Vermächtnis meiner Mutter ist für mich, daß ich Wärme geben will, daß ich eine Zärtlichkeit empfinden möchte für das Leben.

Die Aufgabe, die das Vermächtnis meiner Mutter mir stellt, ist: Mitgefühl, Zuneigung anzunehmen, ohne daß ich etwas dafür tun oder mir Respekt verschaffen muß. Die Wärme einer Situation empfinden zu lernen, meine Sensoren für diese Wärme zu entwik-

keln und selber auch diese Quelle zum Strömen zu bringen. Dies Gefühl nicht zu überdecken mit dem Reden über die tollen Sachen, die ich mache, mit meinem Hang zu Kontrolle und Leistung.
Da ist für mich die Spiritualität eine wichtige Hilfe, auch die Erotik und die Philosophie. Sie sind für mich der Schlüssel, die tieferen Lebenszusammenhänge zu spüren und mich darin immer wieder zu relativieren. Andererseits mich auch davon tragen zu lassen. Das hilft mir, daß ich mich nicht zu sehr darauf fixiere, was mich äußerlich ausmacht. Ich werde dadurch unangestrengter, kann Wärme und Herzenstoleranz fühlen.
Das Wichtigste für mich: das Herz entwickeln. Auch und gerade zusammen mit der Wut, mit dem Wilden, dem Schwierigen. Das alles war für meine Mutter unbekanntes Terrain.
An meiner eigenen Mutterrolle hat der Tod meiner Mutter nichts geändert. Durch den Tod meines Lebensgefährten, des Vaters meiner Tochter, habe ich das Sterben früh kennengelernt und in unser Leben einbezogen. Ich habe versucht, immer so zu leben, daß wir ein rundes, abgeschlossenes Dasein haben, selbst wenn einer von uns heute sterben würde. Ich will, daß wir jeden Abend so einschlafen, daß der Tag abgerundet und in Ordnung ist. Daß wir nicht irgendwelche gärenden Konflikte mit uns herumschlepppen. Wenn ich sterbe, hat meine Tochter auch eine Lebenschance ohne mich. Und wenn sie stirbt, war ihr Leben in meinen Augen nicht sinnlos. Jeder Lebenstag hat in sich eine Berechtigung. Diese Einstellung hängt mit dem Wahrnehmen des Todes zusammen. Deshalb ist der Tod nicht der Feind des Lebens, sondern der Freund des Lebens. Man hat die Chance und die Aufgabe, dieses Leben zu nutzen.
Ich möchte das sorgfältiger machen als meine Mutter. Sie hat allerdings unsere Gaben, unsere Talente sehr stark gefördert, uns sehr stark herausgefordert. Sie hat honoriert, was man aus sich macht, nicht nur die Schulnoten. Sie hat ein hohes Maß von Akzeptanz entwickelt, auch was die unterschiedlichen Wege von uns Kindern betraf. Sogar als meine Schwester ausgestiegen und Bäuerin geworden ist. Meine Mutter hatte ohne Zweifel die Fähigkeit, zuzuhören und einen auch zu sehen, ich habe mich von ihr wirklich wahrgenommen gefühlt, denn sie war eine kluge Frau, die genau beobachten konnte. Es hatte aber alles nicht viel

Herzlichkeit, war kühl und analytisch. Wenn ich ihr meine Liebesgeschichten erzählt habe und weshalb das jetzt den Bach runter gegangen ist, dann konnte sie mir oft erstaunlich klar sagen: Das wußte ich gleich, denn dieser Mann paßt nicht zu dir, weil . . . Damit hat sie mich immer verblüfft, weil ich merkte, wie stark sie doch die Eigenarten ihrer Kinder sieht.

Meinen Vater habe ich inzwischen innerlich ein bißchen aufgegeben, weil er nicht mehr bereit ist, einen neuen Anfang zu machen. Ich weiß allerdings, daß ich bei diesem Urteil von meinen eigenen Ansprüchen ausgehe. Wahrscheinlich bin ich zu intolerant. Unser Verhältnis beschränkt sich jetzt darauf, daß wir ihn besuchen, bei ihm sind, mit ihm spazierengehen. An meinem Vater kann ich üben, mit dem Herzen dazusein, ohne zu fordern.

Was meine Mutter betrifft, überlege ich oft, ob sie jetzt vielleicht mehr von mir sieht als vor ihrem Tod. Ich habe jedoch nie das Gefühl, mit ihr direkten Kontakt zu haben. Ich denke schon, daß sie jetzt viele Geheimnisse von mir kennt und mich so sieht, wie ich eigentlich bin. Manchmal fühle ich mich beobachtet. Dann habe ich immer noch diesen Kampf mit ihr und sage innerlich, nicht ohne Trotz: „Da kannst du ruhig zuschauen, das mußt du eben ertragen.“ Durch diesen Gedanken überwinde ich meine Scheu. Natürlich ist da immer noch mein lächerlicher, kindlicher Kampf, den ich mit ihr weiterführe. Aber direkte, magische Erlebnisse hatte ich mit ihr nie. Ich bin ein Typ, der unglaublich stark im Hier und Jetzt lebt, der stark in der Erde wurzelt. Ich habe nicht einmal von ihr geträumt seit ihrem Tod.

Ich bin meinerseits sicher, daß sie an den Dingen, die sie in ihrem Leben nicht erledigt hat, noch ganz schön arbeiten muß. In welcher Form kann ich nicht sagen, aber ich denke generell, daß nichts verlorengeht und daß sie ihre Fäden weiterzuspinnen hat. Ich vermute da nicht eine konkreten Form von Reinkarnation, indem sie als entsprechendes Tier wiedergeboren wird. Sondern etwas universeller, daß sie in einem anderen Leben das vervollständigen muß, was sie diesmal nicht erledigen konnte.

Ich würde ihr vor allem wünschen, daß sie ihre weibliche Energie leben kann, um Wärme zu entwickeln. Sexualität war für sie immer eine Qual. Nicht einmal da konnte sie sich meinem Vater gegenüber öffnen. Triebe waren in unserer Familie vollständig ausgemerzt, natürlich auch die Agressivität. Ich habe mir oft gewünscht, daß bei uns mal die Fetzen fliegen. Aber es wurde alles nur über Vorwürfe abgehandelt.

Für meinen eigenen Tod wünsche ich mir, daß alle Menschen, die mir wichtig sind, noch einmal kommen und daß die Essenz der Beziehung noch einmal spürbar ist. Ich möchte bewußt sterben und Abschied nehmen. Ich habe das bei meiner Mutter als so traurig empfunden, daß sie im Angesicht des Todes diese Chance nicht wahrgenommen hat, gemeinsam diese Essenz noch einmal wachzurufen und dafür zu danken. Ich stelle mir eine dankbare Atmosphäre vor, wenn man merkt, daß man stirbt. Dankbarkeit dafür, Abschied nehmen zu dürfen und auch zu können. Es muß doch eine unglaubliche Essenz entstanden sein, wenn mich Menschen fünfzig Jahre lang begleitet haben. Die noch einmal ins Zentrum zu holen . . . Das kann auch durch eine gewisse Art von Händedruck geschehen, muß nicht unbedingt benannt werden. Die Essenz kann als Wahrheit im Blickkontakt oder in einem Wort, einem Gedicht oder einem Lächeln liegen. Ich hoffe, daß ich diese Chance bekomme.

Nicht zuletzt, um all diese seltsamen Verstrickungen in unserer Familie, diesen ganzen Wust von Unausgesprochenem, diesen Brei von stillen Vereinbarungen zu lösen. Deshalb habe ich auch bei meiner Mutter, als sie tot war, unter die Decke geguckt. Ich hatte selbstverständlich das klare Gefühl: „Das ziemt sich nicht." Aber ich mußte gerade deshalb die Grenze überschreiten, um diese Verstickung zu lösen.

Nach ihrem Tod war die Trauer weniger heftig, als ich erwartet hatte. Ich war sogar erleichtert, daß ich sie nicht mehr einmal die Woche anrufen und aus meinem Leben berichten muß. Jetzt fühle ich mich meinem Vater gegenüber verpflichtet – wenn auch nicht so stark – und merke, daß ich erst richtig frei bin, wenn auch er gestorben ist. Ich empfinde es als ein Stück Befreiung, daß meine Mutter gestorben ist. Mit ihr ist etwas gestorben, was mich auch bedrängt und gefesselt hat. Das erlebe ich jetzt als Befreiung auch für sie, indem ich jetzt auch für sie freier leben kann und mich nicht mehr bremsen lasse. Wenn ich meinen Vater heute sehe, verläuft auch das entspannter als früher, weil meine Mutter nicht mehr durchs Haus läuft und ein schlechtes Gewissen verbreitet.

Er bremst mich auch nicht so stark, wie sie es getan hat, weil er gar nicht so viel von meinem Leben weiß.
Ich kann auch unseren Hund mit nach Hause nehmen. Meine Mutter mochte das nicht, bei meinem Vater geht das. Das bringt viel Lebendigkeit ins Haus. Ich tue viele Dinge, die ich in Anwesenheit meiner Mutter nicht getan hätte, denn der moralische Druck meiner Mutter war groß. Ich habe am stärksten darunter gelitten und mich diesem Druck am stärksten entzogen, indem ich am weitesten weg von zu Hause gelebt habe.
Ich habe früher als Ersatz für die mangelnde Wärme sehr viel gegessen, wenn ich nach Hause fuhr. Ich habe den Eisschrank buchstäblich leer gegessen. Erst mal vom Käse abgeschnitten, Schokolade aus dem Keller stibitzt oder Pralinen aus dem Schrank. Ich habe mir regelrecht etwas von ihr einverleibt, geradezu orgienhaft. Ich mußte damit rechnen, daß ich – wenn ich eine Woche bei ihr war – zwei bis drei Kilo zunahm. Furchtbar war das. Das muß ich jetzt nicht mehr, wo sie tot ist. Meinem Vater muß ich nichts aus dem Kühlschrank wegessen. Den Mangel habe ich nur bei meiner Mutter gespürt. Mein Vater ist wärmer, aber auch von Anfang an weiter weg gewesen. Das, was man von einem Vater bekommen kann, haben wir von ihm bekommen. Es besteht aber keine lebendige, geistige Auseinandersetzung zwischen ihm und mir, so wie sie mit meiner Mutter möglich war. Sie hat mich im Grunde schon wichtig genommen, beobachtet und genau gekannt. Ich war auch stolz auf meine Mutter, weil sie eine Persönlichkeit mit geistiger Kapazität und kritischem Denkvermögen war. Das gehört auch zu ihrem Vermächtnis. Das, was sie nicht konnte, möchte ich jetzt weiterführen lernen, mir selber ersetzen und es auch als Mutter meiner Tochter geben. Ich glaube, daß ich das kann. Da hat sie mir den Weg gewiesen. Auf diese Weise bedeutet meine Wut auf sie auch eine Kraftquelle: Da will ich hin, das habe ich entbehrt.
Das gilt auch für Männer. Ich bin aus dieser alten Wunde heraus sehr empfindlich dafür, wenn ich hinter ihrem Respekt ein emotionales Nichts spüre. Ich liebe es zum Beispiel sehr, wenn ein Mann auf mich wütend ist. In meinem Elternhaus war ich auch immer erlöst und erleichtert, wenn endlich mal jemand wütend wurde. Wenn ein Mann wutschnaubend auf und ab rennt und mir

sogar eine Ohrfeige gibt, dann ist das alles erlaubt. Dann sitze ich ganz ruhig da und fühle: Ah, so ist das Leben! Das ist Leben! Ich spüre dann, diesem Menschen bedeute ich etwas, dem bin ich wichtig. Das genieße ich zutiefst.

Man müßte schon früher über den Tod reden können

Ute K. (53), Altenpflegerin

Meine Mutter starb am 6. Januar vor vier Jahren. Sie war 88 Jahre alt. Wir waren aus dem Sudetenland, wo mein Vater einen Zeitungsverlag besaß, vertrieben worden. Wir landeten nach einem Aufenthalt in Berlin schließlich in Nördlingen bei einem früheren Angestellten meines Vaters. Das war unser Glück. Meine Mutter stammte aus einer Schiffahrerfamilie von der Elbe. Sie war eine sehr resolute, unerschrockene Frau, aber mein Vater hat im Grunde dominiert. Obwohl sie zunächst im Verlag, aber auch später nach der Vertreibung immer mitarbeitete, habe ich sie damals nicht als starke Persönlichkeit gekannt.
Ich war ein heißgeliebtes und verwöhntes Einzelkind. Meine Mutter war schon 40, als ich nach zehn Jahren Ehe endlich ankam. Ich wurde sehr stark zur Unselbständigkeit erzogen, mir wurde jeder Wunsch von den Augen abgelesen. Ich hatte auch nach der Flucht nie das Gefühl, daß wir jetzt arme Teufel seien, was wir ja waren. Denn mein Vater war nun kein Verleger mehr, sondern Feldarbeiter, und meine Mutter fing als Putzfrau im örtlichen Krankenhaus an. Dazu war sie sich als ehemalige Verlegersfrau nicht zu schade. Später wurde sie dann Sekretärin vom Bürgermeister. Nur einmal wurde sie schwach. Da sagte sie: „Ich stehe das nicht durch.“ Aber mein Vater antwortete ganz hart: „Wer das nicht durchsteht, muß sich erschießen.“
Ich merkte vom harten Lebenskampf meiner Eltern nichts, sie

schirmten mich davon völlig ab. Als ich 13 wurde, suchte der Tennisclub an unserer Schule Nachwuchs. Ich habe mich ganz selbstverständlich angemeldet. Ich wäre nie auf den Gedanken gekommen, daß es heißen könnte, dafür reicht unser Geld nicht.
Mit 18 Jahren absolvierte ich die mittlere Reife. Ich wäre gern Krankenschwester geworden, eigentlich immer schon. Aber mein Vater wollte, daß ich eine kaufmännische Ausbildung mache und dann ins Verlagswesen gehe. Also meldete ich mich brav auf der Höheren Handelsschule an. Als ich fertig war, suchte bezeichnenderweise meine Mutter die passende erste Stelle für mich aus, und zwar als Schulsekretärin in Augsburg. Von dort aus bin ich Wochenende für Wochenende nach Hause gefahren, auch noch, als ich schon in München lebte und einen Freund hatte. Das waren meine Jahre als junge Erwachsene von 18 bis 28. Bis zum Tod meiner beiden Eltern habe ich mich nie ganz vom Elternhaus gelöst.
Zum Glück traf ich in meinem jetzigen Mann einen Menschen, der aus einer ähnlichen Familie stammte und der für meine Bindung an die Eltern Verständnis hatte. Und dann sind wir eben all die Jahre gemeinsam zu beiden Elternpaaren gefahren, oder sie waren bei uns. Wir hatten wirklich sehr viel Kontakt, auch als wir unsere beiden Söhne bekamen. Ich bemühe mich heute sehr, sie mehr loszulassen.
Inzwischen arbeite ich wieder. Diesmal als Altenpflegerin. Wenn ich meinen weißen Schwesternkittel anziehe, bin ich glücklich. Ich weiß, daß ich gebraucht werde. Krankenschwester wäre schon mein Traum gewesen, aber das habe ich eben meinem Vater zuliebe nicht gemacht.
Als mein Vater vor 12 Jahren ganz unerwartet an einem Schlaganfall starb, war meine Mutter ein Jahr lang völlig außer sich. Ich dachte, sie schafft das nicht mehr. Sie sagte immer: „Wer zuerst geht, hat es leichter.“ Natürlich wollten wir sie sofort zu uns nehmen, aber sie lehnte immer wieder ab. Sie hat sich noch einmal gefangen und wurde beinahe 89 Jahre alt. Mit 85 wurde ihr noch ein Herzschrittmacher eingesetzt. Obwohl wir sie immer wieder drängten, wollte sie in ihrer Wohnung in Nördlingen bleiben. Wahrscheinlich schämte sie sich auch vor meinen drei Männern, denn sie war noch eitel und fürchtete, uns in ihrem hohen Alter nicht mehr ästhetisch genug zu sein. In den letzten Jahren litt sie

oft unter hartnäckigen Durchfällen, die ihr besonders peinlich waren. Deshalb kam sie schließlich immer seltener zu uns. „Ursula, man stirbt jeden Tag ein kleines Stückel", sagte sie immer zu mir, wenn ich sie besuchte. Sie wollte uns einfach nicht zur Last fallen. Aber das wurde nie groß ausgesprochen. Wir hatten zu Hause immer einen eher lockeren Umgangston miteinander. Als mein Vater ganz plötzlich im Sterben lag, und ich zu ihm eilte, sagte er nur trocken: „Warum hast du nicht gleich einen Kranz mitgebracht?"
So nach und nach merkte ich bei meinen Besuchen, daß ihre Kraft nachließ. Sie hatte zwar eine Zugehfrau und eine Schwester von der Sozialstation, die sich um sie kümmerten. Außerdem einen jungen Arzt, der oft zu ihr kam und zu dem sie sehr großzügig war. Aber langsam schaffte sie es nicht mehr.
Ich fuhr also zwei- bis dreimal pro Woche mit dem Zug zu ihr. Sie wollte ja partout nicht zu uns. Meine vielen Besuche nahm sie eigentlich ganz gelassen an. „Jetzt mußt schon du zu mir kommen, wenn ich dich brauche", sagte sie einmal. Sie hat meinen Söhnen und meinem Mann dann immer, wie zur Entschädigung, daß sie ihnen die Mutter so oft wegnimmt, großzügige Geschenke mitgegeben.
Anfang Dezember fuhren mein Mann und ich wieder einmal zu ihr, mit der festen Absicht, sie mit zu uns zu nehmen. Selbstverständlich nur so lange, wie sie das wollte. Ich redete mit Engelszungen: daß sie den Zeitpunkt ihrer Rückkehr selbst bestimmen könne. Aber sie wollte nicht. Ich werde den Anblick nie vergessen: Sie saß in ihrem Sessel, eine Wollstola um die Schultern und sagte kategorisch: „Ich gehe nicht mehr aus meiner Wohnung raus." Den jungen Arzt hatte sie sich zur Verstärkung geholt. Er stand hinter ihr und gab ihr recht: „Einen alten Baum verpflanzt man nicht. Wir schaffen das schon", sagte er.
Ich habe nicht anders gekonnt als ihren Willen zu respektieren. Acht Tage später, wieder an einem Sonntag, geschah der Unfall, der zu ihrem schrecklichen Ende führte: Der Ärmel ihres zu groß gewordenen Bademantels, aus dem die dünnen Ärmchen hervorschauten, fing am Gasherd Feuer, und sie erlitt an der ganzen rechten Körperhälfte schwere Verbrennungen. Das Fenster stand offen, und Passanten und Hausbewohner hörten sie schreien. Das

alles geschah kurz vor Weihnachten. Nach vier furchtbaren Wochen ist sie dann im Januar gestorben.
Die erste Woche hat sie im Nördlinger Krankenhaus verbracht. Einen Transport zu uns nach München lehnten die Ärzte ab. Erst als sie sich nach sechs Tagen nicht mehr zu helfen wußten, stimmten sie einem Transport in eine Münchner Klinik zu. Rund 30 Prozent ihrer Haut waren verbrannt, sie hatte furchtbare Schmerzen und konnte durch das Morphium sehr ungerecht werden. Hautübertragungen wuchsen wegen ihres hohen Alters nicht mehr an.
Ich kam jeden Nachmittag und fragte mich oft, ob ich sie nicht hätte zwingen müssen, mitzukommen. Aber mein Mann und ich würden wieder so entscheiden. Einmal sagte sie: „Das hier ist tierisch." Ich glaube aber, sie hat bis zuletzt gehofft, durchzukommen. Denn sie sagte: „Kind, jetzt weiß ich, wo ich hingehöre." Sie dachte wohl, daß sie noch zu uns kommen würde. Aber sie ist dann im Krankenhaus gestorben.
Die letzten Wochen waren auch für mich sehr schwierig. Der Anblick war erschreckend, die ganze rechte Seite, die schweren Verbrennungen lagen offen. Man mußte, wenn man zu ihr kam, sterile Sachen anziehen, den Mundschutz, das Käppchen. Oft wurde sie aggressiv: „Du redest nicht deutlich, Kind", sagte sie oft ziemlich streng. Aber das lag an dem Mundschutz.
Einmal rief sie mitten in der Nacht an, ich solle sofort kommen. Ich raste ins Krankenhaus, dachte, sie stirbt. „Ich wollte dich eben sehen", meinte sie nur. Sie hatte nicht gemerkt, daß es Nacht war. Sie wurde in der letzten Zeit sehr aggressiv zu mir. Und ich habe nicht die richtige Form gefunden, mit ihr umzugehen. Vielleicht stand das auch am Ende zwischen uns, auch von ihrer Seite aus, die unausgesprochene Idee: Warum hast du mich nicht gezwungen, mit dir mitzukommen?
Einmal wollte ich ihr in meiner Hilflosigkeit über die Stirn streicheln. Da zischte sie: „Rühr mich nicht an, ich bin ein Krüppel." Ich war außer mir, weil sie sich nicht von mir anfassen ließ. Einmal kam sogar der haßerfüllte Satz: „Ich könnte dich erschießen." Mit erstaunlich kräftiger Stimme. Ich habe auf der Heimfahrt sehr geweint.
Die letzten Tage war sie kaum mehr bei Bewußtsein. Sie murmelte

unentwegt. Ich hatte den Eindruck, als ob ihr ganzes Leben noch einmal an ihr vorbeiliefe. Trotzdem wollte ich wohl nicht wissen, wie es um sie stand. Ich glaube, ich hätte den Gedanken, daß sie jetzt stirbt, kaum ertragen. Auch meine Söhne, die wirklich mit beiden Füßen im Leben stehen, wären mit meinem Tod sicher völlig überfordert.

Am 6. Januar, dem Heiligendreikönigstag, war ich wieder bei ihr. Dasselbe Bild wie immer. Ich saß hilflos da und war außer mir, weil sie sich von mir nicht mehr anfassen ließ. Ich habe immer noch nicht unmittelbar mit ihrem Tod gerechnet. Ich sprach auch mit den Ärzten und Pflegern, das Thema Tod wurde nicht berührt. Kaum war ich zu Hause, kam der Anruf, sie sei um 16 Uhr 40 für immer eingeschlafen.

Ich habe danach unentwegt geweint. Bei der Beerdigung in Nördlingen wollte ich nur meine engste Familie dabeihaben, weil ich wußte, daß ich sehr aufgelöst sein würde.

Ich bin dann sehr oft hingefahren, nur um am Grab zu stehen. Der Tod meiner Mutter hat mich noch härter getroffen als der meines Vaters, weil nun auch der zweite Elternteil weg, das Elternhaus ganz verloren war.

Als ich ihre Wohnung auflösen mußte, kamen meine drei Männer mit. Ich vergesse nie, wie an ihrem Schrank noch drei fertig zusammengestellte Aufmachungen für ihre geplanten Arztbesuche hingen. Jeweils Rock und Pulli, so wie ich es immer trage, mit der passenden Kette darauf. Ich war total aufgelöst. Da rief einer meiner Söhne: „Die Ursel soll nicht so viel flennen, sie soll uns lieber helfen beim Ausräumen.“ Das ließ mich die Realität wieder erkennen.

Ich sehe meine Mutter nicht im Himmel sitzen. Aber ich fühle sie ganz stark. Mit jedem Jahr, das ich älter werde, merke ich, daß ich ihr ähnlicher werde. Es ist sehr viel von ihr in mir, ich sehe sie eher in mir weiterleben als irgendwo auf einer Wolke. In der ersten Zeit habe ich viel von ihr geträumt, ungeheuer lebensecht.

Die Umstände unserer letzten Zeit miteinander waren so unendlich schwierig. Meine sterile Verkleidung, der Mundschutz, ihre schrecklichen Verletzungen und das Morphium machten es uns schwer, eine Nähe zu spüren. Unser Ton untereinander war allerdings immer eher forsch gewesen. Wir haben uns höchstens mal

kurz in den Arm genommen, auch als sie immer zarter und weniger wurde. Sie weinte allerdings am Schluß immer sehr, wenn ich aus Nördlingen wieder heimfuhr, als wenn es vielleicht das letzte Treffen gewesen sein könnte.
Schön fände ich es, wenn man wirklich voneinander Abschied nehmen könnte. Ganz bewußt. Aber da würde eine andere Einstellung zum Tod dazugehören. Man müßte viel früher, schon beim Älterwerden, über den Tod, das Abschiednehmen reden können. Das wird ja fast völlig verdrängt. Wer sagt schon zu einem nahen Angehörigen: „Was tun, wenn du nicht mehr bei mir sein kannst?"
Ich arbeite inzwischen in einem Altenpflegeheim und halte den alten Menschen oft die Hand. Die wollen sie gar nicht mehr loslassen, so nötig haben sie ein wenig Zuwendung. Wenn es Besucher gibt, spüre ich auch da die Hilflosigkeit.
Von mir glaube ich, jetzt im Umgang mit Menschen in der allerletzten Lebensphase etwas gelernt zu haben.

Der Abschied kam schon zwei Jahre vor ihrem Ende

Verena K. (60), Tänzerin

Meine Mutter war bis ins Alter eine energische, lebenslustige, wahnsinnig dominierende Frau. Sie fuhr noch bis zu ihrem 83. Lebensjahr allein in der Welt herum und war nie müde zu bekommen. Aber zwei Jahre vor ihrem Tod ließ ihr Gedächtnis sehr nach, und sie erkannte mich nicht mehr, als sie mich besuchte. Damals habe ich eigentlich schon von ihr Abschied genommen.
Meine Beziehung zu ihr war äußerst zwiespältig. Ich habe es einerseits genossen, daß sie etwas Besonderes war, ganz anders als alle anderen Mütter, und völlig anders lebte.
In meiner frühesten Erinnerung steht sie auf einer Bühne, da war ich drei. Ich kam damals nach ihrer Scheidung von meinem Vater

von Pflegeeltern zurück, und sie führte, als sehr gute Turnerin, bei einer Wohltätigkeitsveranstaltung in unserer böhmischen Kleinstadt einen Csárdás vor. Ich war maßlos stolz auf sie, rannte zu ihr auf die Bühne und sagte: „Mama, du hast am schönsten von allen getanzt." Das war Honig für sie.

Sie war nicht direkt schön, aber äußerst attraktiv. Sie stammte aus Italien und schaute aus wie die junge Magnani. Wenn sie lachte, war sie wunderschön, zornig eher ein bißchen erschreckend – ganz unterschiedlich. Sie besaß ein unwahrscheinliches Temperament und eine ebenso unwahrscheinliche Liebenswürdigkeit, die nicht immer ganz echt war. Sie hatte wunderschönes, schwarzes Haar, eine gute, schlanke Figur, war aber nicht sehr groß.

Meine Mutter heiratete schließlich meinen Vater Paul. Sie wollte ihn haben, weil er, wie sie sagte, „der schönste Mann der Stadt" war. Die Ehe hielt nur kurze Zeit, aber man war sich nicht gram, obwohl das Vermögen inzwischen vollständig verschleudert war. Mein Vater wollte eigentlich Maler werden, mußte aber Buchhändler werden und ging bankrott. Er wurde nur 43 Jahre alt. Ich glaube nicht, daß meine Mutter ihn besonders geliebt hat.

Sie war ein reiches Mädchen gewesen, und keiner weiß, wie meine Eltern in nur fünf Jahren Ehe sowohl das Geschäft als auch ihr ganzes Vermögen durchgebracht haben.

Ich verbrachte nach der sehr freundlichen Scheidung einige Zeit bei Pflegeeltern, weil meine Mutter nach Klagenfurt ging und überlegte, wie ihr Leben nun weitergehen sollte. Als ich drei Jahre alt war, kam sie zurück und nahm mich wieder zu sich. Da fangen meine Erinnerungen an sie erst an.

An die folgende Zeit erinnere ich mich gern. Ich habe es genossen, daß wir sehr viel zusammen waren, weil sie nicht arbeitete und auch kein Mann da war, den sie versorgen mußte. Sie hat auch nicht gekocht. Wir gingen immer essen, obwohl wir sehr wenig Geld hatten und in einem bescheidenen Zimmer eines Dorfgasthauses lebten. Wir wurden immer wieder eingeladen, meine Mutter war ein Mensch, der nie untergeht. Eine Lebenskünstlerin. Mein zweiter Vater hat dann ziemlich bald die Fürsorge für uns übernommen, denn von ihrer Familie lebte niemand mehr. Mit meinem leiblichen Vater verstand sie sich nach der Scheidung sehr

gut. Er kam jeden Tag zu uns marschiert, erzählte ihr seine Kümmernisse und ging mit mir spazieren. Als er starb, war sie fast die Hauptleidtragende. Ihr Neuer kam auch jeden Tag. Das war alles ziemlich unkonventionell.
Sie hatte sich meinen Stiefvater geangelt und geheiratet, als ich elf war. Er liebte sie unendlich. Ebenso unendlich, wie sie ihn dominiert hat. Sie hat ihre Männer immer beherrscht und über diese ihre Umwelt. Deshalb habe ich enorme Schwierigkeiten mit der angeblichen Unterdrückung der Frau. Es gab zu jeder Zeit Frauen, die keineswegs unterdrückt waren.
Ich habe sehr bald unter den Launen meiner Mutter gelitten. Sie war einmal furchtbar nett zu mir und dann wieder ungeduldig und sehr ungerecht. Ich war auch immer ein bißchen eifersüchtig auf ihre vielen Verehrer, nicht jedoch auf den Mann, den sie später heiratete. Ich war eine gute Schülerin, aber für den Ehrgeiz meiner Mutter nicht gut genug. Ich hätte makellos sein müssen. Ich habe gern gelernt, aber wenn ich mal keine Eins nach Hause brachte, war sie unzufrieden. Ich erinnere mich, daß ich mich einmal mit einer Zwei in Tschechisch fast nicht heimtraute. Der Lehrer mußte mitgehen und mit ihr sprechen.
Ich fing sehr bald ganz allein von mir aus mit dem Tanzen an. Aber das hat ihr alles nicht genügt. Sie wollte, daß ich Preise gewinne wie sie. Das hat meinen inneren Widerstand hervorgerufen. Als ich älter wurde, merkte ich, daß sie sich nur über Männer durchsetzen konnte. Allein war sie gar nicht mutig. Ich bin im Ernstfall streitlustiger als meine Mutter, sie hat immer jemanden im Hintergrund gebraucht, der ihr den Rücken stärkte, und war beispielsweise zu ihren Schwiegermüttern beinahe unterwürfig.
Wenn ich nicht perfekt war, nicht vorzeigbar, dann war es schlimm mit ihr. Glücklicherweise war ich dann in der Tanzstunde ziemlich umschwärmt. Als Mauerblümchen hätte ich den Druck meiner Mutter sicher weniger gut ausgehalten. Sie wünschte Glanz um sich zu haben, Bestätigung und Publikum, war aber in Notzeiten, beispielsweise nach der Ausweisung zu Kriegsende, fabelhaft. Sie hatte unendlich viel Kraft und nahm Schwierigkeiten einfach nicht zur Kenntnis.
Sie verstand es, immer Leute um sich zu scharen, die ihr unangenehmen Kleinkram wie Einkaufen oder Knöpfe annähen abnah-

men. Auch als sie in der DDR ein neues Leben aufbauen mußte. Sie hat Menschen richtig verhext. Sie hatte ein Wort, das ich haßte und hasse: „Sich aussprechen". Sie hat sich unentwegt „ausgesprochen", hatte immer schweigende Zuhörer, graue Mäuse, die sie bewundert haben und sich alles anhörten. Das war für mich immer allzu narzißtisch und drehte sich um ihre Gefühle.
Sie heiratete mit Mitte dreißig zum zweiten Mal. Mein Stiefvater war kein attraktiver Mann wie mein leiblicher Vater, aber ein überaus gescheiter, witziger und herzlicher Mann. Mit ihm blieb sie zusammen bis zu seinem Tod. Sie war schon ziemlich egozentrisch, konnte aber auf der anderen Seite sehr hilfsbereit und großzügig sein. Auch das beachtliche Erbe meines Stiefvaters hatte sie in Rekordzeit verbraucht. Nicht daß sie sich etwas gekauft hätte. Nein, sie gab großzügige Trinkgelder, sie arrangierte Busfahrten. Sie konnte mit Geld überhaupt nicht umgehen und war wohl das, was man eine schillernde Persönlichkeit nennt. Wenn sie wollte, strahlte sie einen enormen Charme aus, aber ebensolche Feindseligkeit, wenn eine andere Frau ihre Kreise störte.
Sie war keinesfalls eine Feministin, sondern tat so, als ob Männer etwas Besonderes wären. Aber sie hat meinen 13 Jahre jüngeren Halbbruder nicht vorgezogen, sondern sie waren sich sehr ähnlich und deshalb sehr verbunden. Von mir hat sie komischerweise nicht erwartet, daß ich sie bewunderte. Sie hätte vielmehr gern gehabt, daß ich ihr Leben weiterführe. Sie hätte meins gern gelenkt. Sie sah mich als Fortsetzung ihrer selbst, und das habe ich total verweigert. Andererseits wieder war sie eine reizende Schwiegermutter, fand meinen Mann attraktiv und seine Zähne überaus schön und fragte überhaupt nicht danach, was und ob er etwas verdiene. Sie hat nicht mit ihm kokettiert, sie hat im Grunde einfach für alle Männer geschwärmt.
Als mein Stiefvater starb, hat sie versucht, mich aufzufressen. Allerdings nur brieflich. Sie schrieb täglich, und ich antwortete täglich. Sie lud allen seelischen Müll bei mir ab. Ich habe mitgespielt, weil ich dachte, der Vater hätte gern, daß ich mich um sie kümmere. Ich habe davon einen psychischen Schaden. Sie kündigte sich einfach bei mir an, obwohl ich ihr schrieb, daß es mir miserabel gehe und ich keinen Besuch ertrüge. Ich fuhr weg, und mein Mann ließ sie nicht in die Wohnung und hatte mit ihr in

einem Café eine große Auseinandersetzung. Denn üblicherweise reiste sie bei der Verwandtschaft an und fuhr niemals vor dem Ablauf von sechs Wochen wieder ab. Als ich zurückkam, traf ich sie noch kurz an und sprach mit ihr. Da fand ich den Schlüssel zu ihrem Wesen. Sie sagte: „Dein Mann hat mit mir gesprochen, das war alles furchtbar. Aber er muß doch sehr über mich nachgedacht haben . . ."

Ich wäre nach einer solchen Auseinandersetzung todbeleidigt gewesen, aber meine Mutter hat selbst das noch so gedreht, daß etwas zu ihren Gunsten herauskam. Ein glückliches Naturell und auch ein Teil ihrer Stärke. Was gut für sie war, die Leute, die ihr ergeben waren, hat sie immer aufgesogen, was unangenehm war, schob sie einfach beiseite.

Mein Stiefvater hätte ohne sie die Vertreibung nicht überlebt. Er war klein und nicht hübsch. Er gewann erst auf den zweiten Blick, war aber ein hervorragender Arzt. Er hatte zunächst keine Existenz und wollte sich das Leben nehmen. Das hat sie nicht geduldet. Sie packte ungeheuer mit an. Sie stand um vier Uhr auf, heizte die erste kleine Praxis ein, gab schon vor sechs Uhr früh Nummern an die Patienten aus, arbeitete als Sprechstundenhilfe und betreute nebenbei noch Mann und Sohn. Das hat sie nicht für sich getan, für ihre Familie kämpfte sie wie eine Löwin. Obwohl wir nicht immer gut miteinander standen, hätte niemand mich kritisieren dürfen. Das war das Italienische an ihr.

Ich hatte, als ich heranwuchs, entsetzliche Reibereien mit ihr. Sie hat das zweite Kind sehr gegen mich ausgespielt, wenn der Vater weg war. Ich habe ihm das nie gesagt und dachte manchmal, ich gehe in die Elbe. Sie hat gesagt, wenn ich nicht spure, steckt sie mich in ein Kinderheim, aber ich habe verschwiegen, was sie mir antat. Sie versuchte mit allen Mitteln, über mich zu herrschen. Weil ich aufgemuckt habe und keineswegs gefügig war, hat sie ihre Macht zu verteidigen versucht. Die Macht liebte sie sehr. Ich habe es verschwiegen, weil ich mich dafür genierte, wie sie zu mir war. Dabei hätte mir mein Stiefvater sicher geholfen.

Ich bin wohl deshalb schon nach meiner ersten Liebe mit 17 aus der Schule ausgetreten, habe mich entschlossen, mit meinem Freund, der Musiker war, zusammenzuleben, und ging nach Dresden auf eine Tanzschule. Das fand sie sehr schön. Tanzen hatte ja was Glanzvolles. Ich habe in Dresden erst gemerkt, wie schön es ist, allein zu leben, ohne täglich kujoniert zu werden. Mein Stiefvater hatte darauf bestanden, daß ich auf eine staatliche Ballettschule ging und nicht an einem mittleren Theater als Elevin herumhüpfte. Dort erst habe ich angefangen zu leben, als ich dem wahnsinnigen Druck meiner Mutter entwichen war.

Dabei haben mich alle beneidet, wie tolerant meine Mutter war. Was sie nicht wußten, war, daß sie alle meine Briefe aufmachte, sie las und kommentierte. „Wie hübsch, ich würde das so formulieren . . .“

Sie kontrollierte mich in allem und stahl mir mein Leben, indem sie an allem teilhaben wollte. Mein Stiefvater war eher besorgt um mich, vor allem, weil ich zu früh ein Kind bekommen könnte. Er hat mir auch manchmal etwas verboten. Ich habe ihm das nie übelgenommen, weil ich wußte, daß er sich um mich sorgte, obwohl ich ihn hinterging.

Andererseits war sie eine Mutter, die alle willkommen geheißen hat. Ich konnte wildfremde Leute mitbringen, die von ihr restlos begeistert waren. Sie war sehr gastfreundlich – es gab viele Feste und Einladungen. Einmal traf ich im Zug einen jungen Mann und nahm ihn einfach mit zu uns, weil er seinen Koffer verloren hatte. Das war überhaupt kein Problem, sie hat sich gefreut. Jemand, der ihr böse wollte, hat einmal über sie gesagt, sie wäre ein hohler Graben, von schönen Blümchen überwuchert.

Mein Verhältnis zu ihr wäre viel einfacher gewesen, wenn sie mir nicht imponiert hätte. Ich fand sie schon toll. Auch das Amüsante, ich fand auch toll, daß sich jeder meine Mutter merkte. Sie war niemand, den man übersieht. Aber ich konnte nicht mit ihr leben. Es verschlug mich schließlich nach München, wo ich auch gleich meine Tanzlehrerin aus Dresden und eine alte Mitschülerin fand. Ich habe ein bißchen schwarzgehandelt und bin hiergeblieben. Mama und Vater wollten aber immer, ich solle zu ihnen rüberkommen in die DDR, wo sie inzwischen nach der Ausweisung eine neue Bleibe gefunden hatten. Ich wollte nicht. Nicht nur wegen der russischen Zone, ich wollte nie wieder zu meiner Mutter.

Als mein Stiefvater starb, brach sie völlig zusammen. Er war für sie ein starker Rückhalt gewesen und hatte sie förmlich angebetet. Er war ein Mann, der ein Leben lang die Zeitung und jedes

Fachbuch beiseite gelegt hat, wenn sie etwas sagen wollte. Auf irgendeine merkwürdige Weise hat sie ihn geliebt. Er hat ihr gehört. Meinen Bruder liebte sie auch, bei mir weiß ich nicht genau. Sie hätte aber sicher viel für mich getan.

Nach dem Tod vom Vater haben wir sie für eine Zeit zu uns nach München geholt, damit sie Abstand gewinnt. Meine Schwiegermutter hat sie aufgenommen. Meine Mutter war immer schon Tablettenschluckerin – Kopfschmerztabletten, Schlaftabletten – und nahm jetzt in ihrem Kummer Valium in rauhen Mengen und spülte mit Rotwein nach. Immerhin eine Frau über 75. Sie fiel gedopt auf der Straße um, aber hörte nicht auf damit. Mein Bruder, der Arzt war wie unser Vater, rang die Hände. Aber sie wurde trotz allem 88, denn sie besaß die Kraft eines Pferdes.

Das Altern und das Alter trug sie hervorragend. Nach der Geburt des zweiten Kindes fand sie sich nicht mehr perfekt, die Figur war nicht mehr makellos, sie hatte Krampfadern, und sie beschloß deshalb, alt zu sein. Sie hat deshalb auch nie mit mir rivalisiert. Der Anbetung ihres Gatten war sie sich ohnehin sicher. Sie sagte mir einmal, daß ihre glücklichste Zeit die über 60 gewesen sei, weil die Eitelkeit und der Ehrgeiz nachgelassen hätten und sie daher friedlich leben konnte.

Statussymbole wie Ringe oder Pelze hat sie nie gewollt. Sie war eine Zigeunerin. Leute einladen, herumfahren und ihre Kinder und Freunde besuchen. Sie kam von jeder Reise zurück und hatte im Zug Menschen getroffen, die ganz fasziniert von ihr waren. Sie hatte schon was, diese Frau.

Meinen Mann nahm sie hin, ohne Kritik zu üben. Er war ein Mann. Und gutaussehend. Als sie ihn kennenlernte, überreichte er ihr ein Veilchenstäußchen, und sie sagte später nur über ihn: „Hat er nicht wunderschöne Zähne?“ Es war ihr völlig egal, daß er damals weder Geld noch Erfolg hatte. Das war schon originell von einer Mutter dieser Generation. Es war immer überraschend, was sie tat, und immer unüblich.

Eigentlichen Abschied von meiner Mutter habe ich schon zwei Jahre vor ihrem Tod genommen. Ich wußte, daß ich sie nun verloren hatte, oder sie mich. Auf jeden Fall war etwas verlorengegangen. Sie hatte mich aus der DDR besucht, und am Bahnsteig in München wurde ich wie immer von dieser merkwürdigen Angst

überfallen, die mich immer befiel, wenn meine Mutter im Anmarsch war. Es war eine kindliche Angst von damals, vor ihren schwarzen Augen nicht zu bestehen, nicht verstanden und geliebt zu werden. Ich war berührt von ihrer kleinen, hinfällig gewordenen Gestalt und verstand meine Bedenken nicht mehr. Zu Hause erregte eine Kleinigkeit den Unmut meiner Mutter. Ich ließ einen ihrer italienischen Ausbrüche über mich ergehen und wunderte mich, wieviel Kraft noch in diesem klein gewordenen Körper steckte. Plötzlich hörte ich sie sagen: „Wer bist denn du – wo bin ich hier – wieso hast du mich hierhergebracht?" Ich erwiderte: „Aber Mama, ich bin's doch, Verena, deine Tochter." Aber sie blieb hartnäckig: „Du bist nicht meine Tochter, die lebt ja bei mir daheim. Und die sieht auch ganz anders aus als du." Ich zeigte ihr meinen Paß. Nichts half. Einer Eingebung folgend, erzählte ich ihr eine Begebenheit aus meiner Kindheit, von der nur ich wissen konnte und die mit einer ihrer Liebesgeschichten nach der Scheidung von meinem Vater zu tun hatte. „Weißt du noch Mama, damals in Kärnten, da warst du doch so verliebt in den Max P....", sagte ich und erinnerte mich genau an das Gefühl der Einsamkeit und Eifersucht, das ich damals gehabt hatte. Ich sah in den Augen meiner Mutter Erinnerung entstehen. „Ja, wenn du das weißt...", antwortete sie träumerisch. Die Erinnerung an eine kurze, leidenschaftliche Affäre vor 50 Jahren war ihr noch gegenwärtig, und die Tochter, die vor ihr stand, war ausgelöscht...
Am nächsten Tag war meine Mutter ungewöhnlich sanft. „Nein, daß ich dich wiedergefunden habe", sagte sie. „Was war nur mit mir los?" Bis zum Tag ihrer Abreise blieb sie stiller als sonst.
Als ich nach einem halben Jahr zu ihr fuhr, wurde ich zwar strahlend begrüßt, erfuhr aber von meiner Schwägerin, daß meine Mutter sich immer wieder heimlich versichern ließ, daß ich wirklich ihre Tochter sei.
Es kamen dann noch einige wirre Briefe, ehe sich ihr Geist endgültig verdunkelte. Sie lebte noch zwei Jahre in der Nähe meines Bruders und seiner Frau in der Alterspsychiatrie eines Krankenhauses, das mein Bruder leitete. Bis zum Schluß hat sie ihre österreichischen Höflichkeitsphrasen benutzt, auch wenn sie keine Ahnung hatte, wer ihr gegenüber stand. „Ach, wie gut schauen Sie aus, kommen Sie mich doch mal besuchen, haben Sie

nicht ein Foto von sich, mein Sohn ist Arzt ..." und dergleichen mehr. Mein Bruder und seine Frau besuchten sie täglich, nahmen sie sogar am Wochenende zu sich in die Dienstwohnung am Klinikgelände. Sie schien die beiden mitunter zu erkennen. An mich erinnerte sie sich nicht mehr. Die Erinnerung an mein Gesicht muß ihr verlorengegangen sein.

Es war keine Überraschung für mich, als sie starb, denn sie war schon bettlägerig gewesen und schlief aus Schwäche einfach friedlich ein. Das kann man sich nach solch einem turbulenten Leben kaum vorstellen. Ihr Tod hat mich auch gar nicht mehr sehr berührt. Ich habe sie nicht mehr tot gesehen. Ich habe nur meinen schönen Vater aufgebahrt gesehen. Berührt hat mich eher die jämmerliche Art ihrer Beerdigung. Sie karrten den Sarg in einer Art Leiterwagen von der Kapelle zum Grab, wie es in der DDR üblich war.

Mein Halbbruder, der sehr an ihr hing, war ganz gebrochen. Er gab mir ihre vielen Tagebücher, weil sie in Sütterlin geschrieben waren, das er nicht lesen konnte, und bat mich, ihm daraus vorzulesen. Ich fing also an. Zunächst war alles ganz harmlos. Aber dann kamen Abschnitte über die Frau meines Bruders, die sich gewaschen hatten. Sie war immer sehr eifersüchtig auf die Schwiegertochter gewesen und hatte sie deshalb nie gemocht. Ich fing also in meiner Not an, frei zu extemporieren, damit mein Bruder nichts merkte. Ich bin schließlich einem Weiterlesen entgangen, habe aber nachts heimlich in den Tagebüchern geschmökert. Ich war erstaunt über die völlige Fehleinschätzung ihrer eigenen Person: Ich las, daß sie mich erziehen und bilden wolle, daß sie keinen Fehler begehen und ein vollkommenes Mädchen heranziehen wolle. Dabei hätte sie doch wissen müssen, daß sie selber ganz unvollkommen war. Ich würde mich selbst nie trauen, mir vorzustellen, einen anderen Menschen zu formen.

Ich habe mich im Grunde schon mit siebzehn Jahren von ihr losgerissen. Aber ich habe mir immer vorgestellt, daß mein Stiefvater zu uns kommt, um mit uns zu leben. Ich hätte ihm gern ein Haus mit Garten und Blick auf die Alpen geschaffen. Er war der wichtigste und gütigste Mensch meiner Jugend. Mit meiner Mutter habe ich mir so etwas niemals vorstellen können. Ich war froh, daß so viele Kilometer zwischen uns waren. Ich wundere mich heute noch, daß ich auf den Zwang, mit ihr täglich zu korrespondieren, eingegangen bin. Es brachte mich um. Sie hatte immer noch Macht über mich und beutete mein Mitleid und meine Anteilnahme aus. Eine Freundin sagte einmal zu mir: „Du mußt doch auf ihre Briefe nicht eingehen." Das war für mich wie eine völlig neue Erkenntnis.

Sie brauchte ihr ganzes Leben ständig Futter für ihr Ego. Das habe ich verweigert. Deshalb gab es Ärger. Eifersüchtig war sie – was ihren Mann betraf – keineswegs auf mich. Sie war sich seiner viel zu sicher. Sie hatte ständig sehr heftige Flirts, die allerdings mehr der Selbstbestätigung dienten. Und sie verlangte von mir, daß ich so lebte wie sie, um ihr Leben als eine Art Fortsetzung von ihr weiterzuführen. Sie hat nie verstanden, daß ich bei einem Mann bleibe, sie wollte, daß ich noch zwanzig andere habe. Wenn ich in ihrer Nähe geblieben wäre, hätte sie ständig in mein Leben eingegriffen. Ich hätte es nicht ausgehalten. Sie hat schon wahrgenommen, daß ich anders bin, aber sie hat es nicht akzeptiert. Eine unglaubliche Frau.

Ich denke nicht viel darüber nach, wo sie jetzt ist. Ich kann mir einerseits schlecht vorstellen, daß so ein turbulentes Leben einfach ganz und gar zu Ende ist. Andererseits sehe ich sie auch nicht im Jenseits. Als ich ein junges Mädchen war und mein Leben mit Mama ziemlich chaotisch, habe ich es immer als große Beruhigung empfunden, daß irgendwann alles vorbei ist und Ruhe einkehrt. Ich stand oft vor unserer Familiengruft, sah mir die Namen all derer an, die so früh gestorben waren, und fand es beruhigend, auch einmal dorthin zurückzukehren.

Wenn man sehr alt wird, hat man alle verloren und ist sehr allein, weil man mit niemandem mehr über seine Jugend sprechen kann, einen niemand mehr versteht. Man verliert unentwegt. Auch sehr wichtige Leute. Um die 60 geht es ganz schnell, daß sich ein ganzer Schwung von Freunden verabschiedet, die das eigene Leben begleitet haben. Liebevolle Chronisten des Lebens.

Wenn ich an meine Mutter denke, sehe ich sie als junge Frau. Die alte Frau ist mir entglitten, so wie ich ihr entglitten bin. Sie hat sich nie jünger gemacht, es war ihr Temperament, ihre Kraft, die so jugendlich waren. Das Alter paßte nicht zu ihr. Sie hatte das große Talent zu feiern. Als sie frisch geschieden war und wir keinerlei Geld hatten, hat sie die Dorfkinder gegen Bonbons dazu gebracht, mir zum Geburtstag Kränze aus Himmelsschlüsseln und Veilchen zu winden. Aber man konnte meiner Mutter keine Schwäche zeigen. Man hatte fröhlich und erfolgreich zu sein. Ich habe ihr nie erzählt, wenn ich unglücklich war, wenn eine Freundin zu mir nicht nett war.

Sicher habe ich manches von ihr. Sie hat sehr gut geschrieben. Briefe, Tagebücher. Sie war keine gute Tänzerin, eher Sportlerin. Sie tanzte laienhaft, aber mit sehr viel Temperament. Ich weiß nicht, ob ich deshalb Tänzerin geworden bin. Es ging ihr um die Bewunderung der Menschen, während ich es als wunderbar empfand, auch ganz allein zu Musik zu tanzen. Der Kern ihres Wesens suchte die Bewunderung, den Applaus. Vielleicht war sie nicht zielstrebig genug, eine entsprechende Karriere beim Theater oder als Schriftstellerin zu verfolgen. Die Bewunderung hat sie auch müheloser bekommen, wer immer sie traf, hat sie bewundert.

Bis heute bin ich allergisch geblieben gegen Launen, diese Wechselbäder der Gefühle, und gegen dies „Sich-Aussprechen“, gegen Leute, die ihr Innerstes nach außen kehren. Das hat sie alles gern gehabt, und ihre Zuhörer waren fasziniert, denn sie erzählte sehr gut. Sie weinte auch leicht, wenn sie ihre innersten Gefühle offenbarte. Mitunter trug sie im Familienkreis sehr schön Balladen vor, die niemand je zu Ende hören konnte, weil sie immer vorher schon geschluchzt hat.

Positiv vermittelt hat sie mir das Gefühl, eine Frau zu sein. Es waren immer Männer um sie, und ich spürte bald, daß das ein Spiel ist. Wir haben uns auch im Gebüsch nackt gesonnt, da war sie ganz frei. Es kam rüber, daß es etwas Besonderes ist, eine Frau zu sein. Sie hat ihr Leben als Frau sichtlich genossen. Emanzipiert war sie allerdings gar nicht. Einmal hat sie sogar versucht, über ein christliches Heiratsinstitut einen Mann für mich zu finden, weil sie meinte, daß ich langsam einen haben müsse, sonst fehle etwas. Sie war sehr intelligent, aber an einem eigenen Beruf nicht überaus interessiert. Sie wollte einen Mann und den dann dominieren. Das war das Italienische an ihr. Auch die Art, wie sie um ihre Schwiegermütter beinahe unterwürfig gebuhlt hat. Dabei hat sie nie in Italien gelebt. Ob sie diese Verhaltensweisen von ihrer Mutter übernommen hat?

Ich hätte niemals leisten können, was sie von mir erwartet hat. Was immer ich getan habe, es war nie genug. Wo immer ich mich hingeneigt habe, war das andere plötzlich das Richtige. Da war sie sehr ambivalent. Sie hat sich eigentlich immer als Mittelpunkt empfunden, denn sie war als Kind der Liebling ihrer Mutter, die sie den Geschwistern stark vorzog und vergöttert und bewundert hat.
Ich habe ihr nie gesagt, daß sie mir die Kindheit verdorben hat. Wenn ich zu Besuch kam, war ich nie länger als 14 Tage da, und durch eine große Auseinandersetzung wäre mindestens eine Woche verloren gewesen. Sie sagte schon manchmal: „Ich war so schrecklich zu dir." Dann sagte ich: „Laß es gut sein." Da fiel sie buchstäblich auf die Knie, wie edel ich sei und wie gut und großzügig. Man konnte mit ihr nicht normal reden. Es war immer ein Stück große, italienische Oper. Sehr dramatisch. Ich habe die Auseinandersetzung gescheut, weil ich wußte, sie hört dann Tag und Nacht nicht mehr damit auf.
Es hat mich sehr erstaunt, daß mich der Tod meiner Mutter so wenig mitgenommen hat. Ich dachte darüber nach, wann ich zum letzten Mal das Gefühl des Verlustes, der Trauer ihr gegenüber empfunden habe. Es war jener Tag, an dem sie mich nicht mehr erkannte, und dann, ein halbes Jahr später, mein letzter Besuch bei ihr, als ihr mein Gesicht gänzlich entschwunden war. Ich spürte damals einen Schock und ein Erschrecken darüber, daß man seiner Mutter einfach verlorengehen kann.

Sterben ist wie eine schwere Geburt

Renate S. (51), Rechtsanwältin

Die Beziehung zwischen mir und meiner Mutter war bis zu ihrem Tod sehr komplex und ist ständig gewachsen.
Als ich fünf Jahre alt war, ließen sich meine Eltern scheiden. Meine Mutter, Großmutter und ich wurden in den Nachkriegsjahren nach Wuppertal evakuiert. Meine Mutter verkraftete diese

Scheidung sehr schwer und wurde krank. Meine Großmutter mußte in eine Nervenklinik, und für mich gab es keine andere Lösung als das Waisenhaus. Mein Vater fühlte sich nicht zuständig für mich. Weder seelisch noch materiell.
Ich verlebte in diesem Waisenhaus ein schreckliches Jahr. Ich war das einzige Kind, das noch beide Eltern hatte. Nie vergesse ich, wie sich einige der Kinder freuten, als sie adoptiert werden sollten. Sie wurden abgeholt, aber wenige Wochen später waren sie wieder da. Und ich vergesse auch die brutalen Schwestern nie. Vor allem nicht, wie eine ein Kind gegen den heißen Ofen prügelte, weil es nicht sofort gehorchte.
Wegen Unterernährung wurde ich in ein Kindererholungsheim an die Nordsee geschickt, dort bekam ich Scharlach und Masern. Ich aß nicht und konnte auch nichts bei mir behalten. Da ich dauernd krank war, schickte man mich in ein anderes Heim im Allgäu, wo man mich langsam aufpäppelte. Ich kam dann in eine kleine Landschule, wo alle Klassen gemeinsam unterrichtet wurden. Dort habe ich mich sehr wohl gefühlt, obwohl ich meine Mutter sehr vermißte.
Sie war inzwischen wieder gesund geworden und hatte einen Beruf ergriffen. In der damaligen Zeit gab es keine Kinderhorte wie heute. Daher gab es für mich keine andere Lösung als das Kinderheim. Dies war mir verständlich, wenn auch schmerzlich. Aber ich hatte das starke Bewußtsein, daß meiner Mutter ähnlich wie mir zumute war.
Aufgrund meiner häufigen Lugenentzündungen wurde ich nach der vierten Volksschulklasse für zwei Jahre nach Tegernsee geschickt, um gesund zu werden. Zweimal im Jahr besuchte mich meine Mutter in ihren Ferien, und jedesmal war es ein Fest für uns beide. Ich erinnere mich noch an meine erste Uhr, die als Osterei getarnt war. Außerdem bekam ich das Versprechen, daß ich, sobald meine Mutter eine größere Wohnung gefunden hätte – was in den fünfziger Jahren sehr schwierig war –, nach Hause kommen dürfte. Als ich zwölf Jahre alt und endlich wieder richtig gesund war, kam ich dann „nach Hause“, und wir beide waren selig. Dann fing insofern für mich ein Schulstreß an, als ich am Tegernsee zwei Jahre nicht in der Schule gewesen war, meine Mutter mich jedoch sofort in die dritte Klasse des Gymnasiums schickte. Später ge-

stand sie mir, daß mein Vater sie in bezug auf meine Schulausbildung unter finanziellen Druck gesetzt hatte. Aus heutiger Sicht völlig unverständlich.
Meine Mutter war zur damaligen Zeit wohl noch nicht selbstbewußt genug, um für den Lebensweg ihres Kindes zu kämpfen. Wie sehr ich mich auch in der Schule bemühte, die Lücke von zwei Jahren in Fremdsprachen und Mathematik ließ sich kaum aufholen. So verließ ich mit der mittleren Reife das Gymnasium und besuchte für ein Jahr die Handelsschule. Dort war ich auf Anhieb die Klassenbeste. Plötzlich zeigte mein Vater Interesse an mir, wollte mich als Innenarchitektin ausbilden lassen und in seine Firma aufnehmen. Aber daraus wurde nichts. Er hatte Probleme mit seiner inzwischen dritten Ehefrau und verlor das Interesse an mir wieder. Durch meinen Erfolg in der Handelsschule bestätigt, beschloß ich, nochmals aufs Gymnasium zu gehen und mein Abitur zu machen.
Meine Mutter unterstützte mich in meinem Entschluß, und so ging ich diesmal freiwillig in ein Internat, da ich in meine alte Schule nicht mehr zurückgehen wollte. Als mein Vater das erfuhr, wollte er alle finanziellen Zuschüsse verweigern. Meine Mutter aber kämpfte zum ersten Mal wirklich für unser Ziel, und Rechtsanwälte erstritten einen Unterhalt.
Kurz vor dem Abitur verschärften sich die Spannungen zwischen meinem Vater und seiner Frau. Beide versuchten, mich vor Gericht zur Aussage gegen den anderen zu bewegen. Ich reagierte wieder mit Krankheit, bestand aber mit reiner Willenskraft mein Abitur.
Nun wollte ich fort von dieser meiner Familie, weit fort. Meine Mutter hatte inzwischen ebenfalls einen festen Partner. Finanziell unabhängig wollte ich sein, und so bemühte ich mich um einen Studienplatz. Wieder gab es einen Kampf mit meinem sehr wohlhabenden Vater um den Zuschuß für das Studium, den er vor Gericht wiederum verlor.
Während meines Studiums hatte ich weiterhin eine sehr nahe Beziehung zu meiner Mutter, obwohl wir uns nur in den Semesterferien sahen. Irgendwann einmal hatte ich verstanden, daß sie trotz Waisenhaus, Kinderheim und Internat immer innerlich bei mir war. Sie hatte in Anbetracht der schwierigen Umstände ihr Möglichstes gegeben.

Wir konnten über alles miteinander reden. In den Semesterferien brachte sie mir das Frühstück ans Bett und verwöhnte mich in jeder Weise. Wir haben das beide sehr genossen. Wir wußten auch, daß mein beruflicher Weg nun endlich klar war. Ich habe mein Studium in Rekordzeit beendet und war erst 25, als ich mit der Dissertation anfing. Mein Vater zeigte sich plötzlich „großzügig" und stolz und zahlte mir zu diesem Zwecke 300 Mark im Monat freiwillig weiter.
Obwohl alles planmäßig verlief, hatte mich mit 29 eine tiefe Depression erfaßt. Sicher war sie zum Teil familiär bedingt, mein Cousin hatte Selbstmord begangen. So ähnlich kann man es bei mir auch nennen, als ich mich auf dem Heimweg von einer Party im Regen mit dem Auto überschlug. Es war mir damals alles egal. Aber es passierte mir nichts.
Daraufhin beschloß ich, mein Leben endgültig in die eigenen Hände zu nehmen, und eröffnete meine Kanzlei. Sie lief vom ersten Tag an hervorragend. Meine Mutter hatte inzwischen ihren Lebenspartner geheiratet, die Ehe dauerte aber nur eineinhalb Jahre. Dann starb er, und sie war wieder allein. Als Witwe kam sie zu mir nach München. Aber ich konnte mit ihr nichts mehr anfangen.
Sie dachte wohl, sie könne unsere Mutter-Kind-Beziehung fortsetzen, aber ich beeilte mich, für sie eine eigene Wohnung zu finden. Ich hatte meine Praxis noch nicht lange, einen Berg Schulden und war nicht unbedingt geneigt, nun auch noch die Verantwortung für meine Mutter zu übernehmen. Ich fand in Schwabing, wo ich auch wohnte, eine hübsche Wohnung für sie, und sie half in der Praxis aus. Aber näher wollte ich sie eigentlich nicht kommen lassen.
Da wurde mir meine Wohnung gekündigt, und zufällig war etwas Entsprechendes im Haus meiner Mutter, zwei Stockwerke über ihr, frei. Ich zog ein, obwohl mir das im Grunde viel zu nah war. Ich hatte mich so weit von ihr wegentwickelt, daß mich diese Nähe eher abschreckte, zumal ich spürte, daß meine Mutter versuchte, eine verspätete, enge Mutter-Tochter-Beziehung aufzunehmen. Ich war inzwischen weit über 30 und dazu nicht mehr bereit.
Die Dinge gestalteten sich denn auch dementsprechend: Meine Mutter erschien morgens bei mir zum Frühstück, wollte an meinem Leben teilnehmen und „klammerte". Wahrscheinlich sah sie

in mir eine Art Ersatzehemann. Ich versuchte ihr immer wieder klarzumachen, daß ich ein Eigenleben führen wolle. Vergebens. Ich bekam kaum noch Luft.
Da bekam sie Brustkrebs und klammerte sich in ihrer Not noch mehr an mich. Und ich verbrachte natürlich sehr viel Zeit mit ihr in ihrer Wohnung. Bei aller Sorge um sie wurde ich immer gereizter. Schließlich sah ich keine andere Lösung mehr als eine „Radikalkur". Ich war wirklich brutal und erklärte ihr eines Tages, daß ich weder einen Ehemann noch eine kleine Tochter abgeben würde und daß sie endlich lernen müsse, ein eigenständiger Mensch zu werden. Sie solle Hobbys entwickeln und sich einen eigenen Freundeskreis suchen. Wenn sie das nicht wolle, solle sie sich die Kugel geben.
Meine Mutter weinte eine Woche und ich, ohne daß sie es wußte, ebenfalls. Sie hatte ihr ganzes Leben lang versucht, sich anzulehnen, war nie wirklich eigenständig gewesen. In dieser Woche hat sie ihren grundlegenden Lebensfehler erkannt. Plötzlich konnte sie „loslassen", und von da an suchte ich freiwillig ihre Nähe. Sie wurde mit der Zeit immer kränker, und ich kümmerte mich sehr viel um sie, eben weil sie es nicht mehr andauernd erwartete.
Sie entwickelte sehr zielstrebig ihr eigenes Leben, suchte sich Freundschaften, schaffte einen Flügel an. Sie unternahm trotz ihrer Krankheit Reisen, lernte noch Französisch. Ich mietete eine Ferienwohnung in den Bergen, wo sie mit unserem Hund viele schöne Wochen verbrachte.
Zehn Jahre hatte sie nach ihrer Krebserkrankung noch zu leben. In dieser Zeit entwickelte sie sich zu einer harmonischen, in sich ruhenden Persönlichkeit. Ich glaube, sie wurde trotz ihrer Leiden und Schmerzen so glücklich und frei wie nie zuvor in ihrem Leben. Schließlich kamen äußerst schmerzhafte Knochenmetastasen hinzu. Die Ärzte sagten, es könne noch Jahre dauern. Sie wurde bestrahlt, unterzog sich einer Chemotherapie. Sie litt sehr, verlor aber nie den Mut und die Haltung. Nur einmal habe ich sie weinen sehen, als sie wegen der Knochenmetastasen und der damit zusammenhängenden Gefahr des Knochenbruchs eine Halskrause tragen mußte. Wenig später hatte sie sich wieder gefaßt und sich einen hübschen Seidenschal um die häßliche Halskrause drapiert. Sie verlor bis zum Schluß nie ihren Humor und hat vor mir immer

versucht zu verbergen, wie schlecht es ihr ging, um mich nicht zu belasten.
An ihrem 69. Geburtstag fuhren wir mit dem Hund noch einmal in unsere Ferienwohnung. Es ging ihr schon sehr schlecht. Ich habe ein Foto von jenem warmen Septembertag. Sie sitzt im Schatten, der Hund in der Sonne. Das Foto ist symbolisch – sie gehörte schon ins Reich der Schatten . . .
Kurz darauf kam sie ins Krankenhaus. Es war klar, daß es zu Ende gehen würde. Sie lebte dort noch 13 Wochen. Ich hätte sie gern zu mir nach Hause genommen, aber die Ärzte meinten, daß es unmöglich sei, ihr die nötigen hohen Dosen Opium und Morphium zu Hause zu verabreichen und dazu drei Krankenschwestern im Wechsel zu beschäftigen. Ich hatte ja auch noch meine Praxis, die meine materielle Existenz bedeutete. Außerdem bestand meine Mutter darauf, in der Klinik zu bleiben. Ich bin sicher, daß sie mich mit ihrem Ende so wenig wie möglich belasten wollte.
Mein Leben sah diese 13 Wochen dann so aus: Einen Abend verbrachte ich bei meiner Mutter in der Klinik, den anderen Abend mit meinem inzwischen ebenfalls alten und kranken Hund beim Tierarzt. Den ganzen Tag über war ich in der Praxis. Ich war völlig allein. Ich hatte keinen Partner. Alle Männer schreckten wegen meiner angeblichen „Affenliebe zu meiner Mutter" vor mir zurück. Ich ahnte wohl, daß sie gegen Weihnachten sterben würde. Ich sagte meinen Helferinnen, daß wir am 20. Dezember die Praxis schließen würden. Und in der Nacht vom 19. auf den 20. Dezember hatte ich einen merkwürdigen Traum: In einem kargen Zimmer sah ich meine Großmutter auf einer Liege. Sie war tot. Als ich eintrat, stand sie auf und nahm mich bei der Hand. Wir gingen einen Weg entlang in einen Park. Dort saß meine Mutter in der Sonne auf dem Rasen. An einem Baum in ihrer Nähe war unser Hund angekettet und bellte. Meine Großmutter und ich gingen zu meiner Mutter, nahmen sie bei der Hand und gingen den Weg zu dritt weiter.
Am 20. Dezember feierten wir in der Praxis Weihnachten, da kam der Anruf von der Klinik: „Ihre Mutter liegt im Koma!" Ich holte mir mein Schlafzeug, gab den Hund zu unserer Haushaltshilfe und verbrachte die Nacht in einem alten Sessel am Fußende des Bettes meiner Mutter.

Am nächsten Vormittag kam sie plötzlich zu sich und bestand darauf, den Schwestern die vorbereiteten Weihnachtsgeschenke zu geben. Sie wollte, daß ich sie um 12 Uhr wecke, um jeder Schwester danken und ihr Geschenk überreichen zu können. Sie war ganz harmonisch, lächelte sogar. Dann verlor sie wieder das Bewußtsein. Am 22. Dezember kam sie wieder zu sich und bestand darauf, mit allen, die sie pflegten, auf Weihnachten anzustoßen: mit einem Glas Sekt!

Wir hatten meine beste Freundin verständigt, daß es zu Ende ginge. Sie kam am selben Tag zu meiner Mutter, um Abschied zu nehmen und fand sie, umringt vom Pflegepersonal, mit einem Glas Sekt in der Hand im Bett sitzend vor. Mutti lachte und redete mit allen. Sie schien keinerlei Angst zu haben. Sie hatte eine enge Beziehung zum Krankenhauspfarrer entwickelt, die ihr einen festen Halt gab.

Obwohl ich die letzten Tage ihres Lebens rund um die Uhr bei ihr in der Klinik war, Tag und Nacht, hat sie mit mir kein Wort des Abschieds gewechselt. Ich habe von mir aus damit nicht angefangen und wollte abwarten, ob sie auf mich zukommt. Sie tat es nicht. In jener Nacht entwickelte sie eine große Unruhe. Sie versuchte ständig, kaum bei Bewußtsein, das Bett zu verlassen. Schmerzen peinigten sie.

Dann kam der 24. Dezember. Im Flur wurden Weihnachtslieder gesungen, rund um den großen Weihnachtsbaum. Ich hatte ihr einen kleinen in ihr Zimmer gestellt. Ich fuhr sie im Rollstuhl noch zum großen Baum, und sie sagte nur ganz leise: „Ach ja . . .“

Ihr Ende war furchtbar. Wasser stieg auf aus ihrer verkrebsten Lunge und gurgelte hoch. Sie bekam keine Luft mehr. Ich konnte es nicht mehr ertragen und weinte verzweifelt. Wenn ich das Zimmer verließ, wurde sie unruhig. Sie spürte also noch meine Nähe. Ich sagte immer wieder: „Mami, ich bin ja da. Ich bin bei dir.“

In der Nacht zum 26. Dezember tat sie in meinem Armen ihren letzten Atemzug. Eine Schwester zündete eine Kerze an und öffnete das Fenster . . .

Ich war wie betäubt und völlig erschöpft. „Sterben ist wie eine schwere Geburt“, konnte ich nur denken.

Sie fehlt mir noch immer. Unser Kontakt ist auch nach zehn Jahren nicht abgebrochen. Ich führe manchmal noch Zwiegespräche mit

ihr. Nach ihrem Tod, scheint mir, bin ich erst richtig erwachsen geworden. Erstaunlicherweise übernehme ich jetzt Verhaltensmuster von ihr. Vor allem im Haushalt, den sie früher bei mir immer bemängelte und wogegen ich mich immer wehrte.
Inzwischen habe ich einen liebenswerten Lebenspartner gefunden und geheiratet. Ich weiß, daß meine Mutter ihn sehr mögen würde und für mich glücklich wäre.

Sie hat still und eigensinnig beschlossen zu gehen

Gabi G. (46), Kunsterzieherin

Ich bin mit meiner Mutter ständig zusammengerumpelt, weil wir uns so ähnlich waren. Mein Vater war Nervenarzt, und sie arbeitete immer in der Praxis mit. Nach der Scheidung hat sie sich etwas anderes gesucht. Ich war damals 15, habe also meine wichtigsten Kinderjahre mit beiden Eltern verbracht, wobei sich die letzte Zeit allerdings sehr schwierig gestaltete. Mein sieben Jahre älterer Bruder zog sich aus der Affäre, indem er das Elternhaus verließ, meine zwei Jahre jüngere Schwester litt dagegen sehr unter der Situation und fraß alles in sich hinein. Ich bin eher explodiert und deshalb auch sehr oft angeeckt. Aber ich konnte dadurch alles besser verarbeiten als sie.
Seit ich selbst eine heranwachsende Tochter habe, sehe ich, daß diese Machtkämpfe, die ich mit meiner Mutter ebenfalls hatte, in unserer Familie ganz normal sind. Wir sind sehr impulsiv, schreien uns an. Das war mit meiner Mutter auch so, obwohl es uns hinterher leid tat. Wir hatten auch sehr ruhige Gespräche, aber wenige.
Ich bin nach so einem Streit in mein Zimmer gegangen, habe die Tür zugeknallt und habe gezeichnet, bis ich wieder genießbar war. Meine Tochter ist hingegen, wenn sie ausgesponnen hat, gleich wieder ansprechbar.

Meine Mutter starb früh. Sie war eine starke Frau, aber nach der Scheidung fing sie an zu trinken. Eine Zeitlang haben wir versucht, das zu verhindern, aber allmählich standen unsere eigenen Interessen der Sorge um die Mutter im Wege. Dann kamen alle möglichen Wehwehchen. Mein Vater hat gleich wieder geheiratet. Das Schlimme an dieser Situation war, daß meine Mutter auch nach der Scheidung mit meinem Vater in derselben Wohnung blieb. Er hatte vorn die Praxis und ging nicht raus. Wir lebten in den hinteren Räumen, sie mußte also ständig durch die Praxis durch, traf die Patienten, die sie noch kannten, und die neue Frau ist ihr dauernd begegnet. Wir konnten aber aus materiellen Gründen nicht ausziehen. Außerdem wollten wir Kinder unbedingt in unserer gewohnten Umgebung bleiben.

Nachträglich habe ich erst begriffen, wie schlimm das für sie gewesen sein mußte und daß diese Situation ihr Trinken forciert hat. Ich glaube, daß sie nicht am Trinken, sondern an gebrochenem Herzen gestorben ist. Sie wollte nicht mehr. Sie hat meinen Vater bis zum Schluß sehr geliebt und kam nie über die Scheidung hinweg.

Eine genaue Todesursache war nicht festzustellen. Sie stürzte ein paarmal, rutschte einmal auf einer Bananenschale aus und brach sich den Knöchel. Der wuchs nicht mehr ordentlich zusammen, und sie konnte nicht mehr richtig gehen.

Sie stürzte erneut, die Kniescheibe war kaputt, dann kam ein Oberschenkelhalsbruch, und ihre Knochen wurden immer morscher. Dann mußten ihr sämtliche Zähne gezogen werden. Sie hatte ständig Unglück, das sie vielleicht durch ihren Kummer anzog.

Als sie starb, war ich 29 und mit meinem ersten Kind schwanger. Mein Vater war bereits – ebenfalls mit 57 – an Krebs gestorben. Er hatte meine Mutter die Jahre nach der Scheidung völlig übersehen, die Situation zwischen den beiden hat sich bis zum Schluß nicht entspannt. Das war für beide sicher nicht gesund. Sie haben sich nie mit ihrer Trennung auseinandergesetzt.

Heute weiß ich, daß dazu immer zwei gehören. Als Kind war ich immer gegen meinen Vater und habe meine Mutter in Schutz genommen. Er war immer der Böse, der sie verlassen hat. Das hat meine Mutter auch geschürt, weil sie ihn innerlich nie losgelassen

hat. Erst kurz vor seinem Tod konnte ich mit ihm sprechen und fing an, ihn zu verstehen.
Meine Mutter lag die letzten eineinhalb Jahre ihres Lebens im Bett. Hier zu Hause, ich habe sie gepflegt. Es ging ihr sehr, sehr schlecht. Aber drei Monate vor ihrem Tod stand sie plötzlich auf, machte eine Kur und kam wie ausgewechselt, voller Mut und Zuversicht, zurück. Sie meisterte auch meine Hochzeit mit Bravour und freute sich unendlich mit uns.
Kurz danach legte sie sich wieder ins Bett. Die letzten Wochen – ich arbeitete in Erding – wußte ich nie, ob ich sie beim Heimkommen noch lebend antreffe. Ich wusch und kämmte sie in der Früh, machte ihr etwas zu essen, das sie meistens stehenließ. Sie trank auch kaum mehr etwas. Ihr Lebenswille war völlig gebrochen, obwohl sie noch gar nicht so schwach war. Sie wurde schließlich immer wieder bewußtlos und fiel aus dem Bett. Am Schluß kam sie gar nicht mehr zu Bewußtsein.
Ich brachte sie schließlich mit dem Krankenwagen doch in die Klinik, weil ich mir nicht mehr zu helfen wußte. Sie war nur diese eine Nacht im Krankenhaus und ist in den frühen Morgenstunden gestorben. Ich bin nicht mehr hingegangen. Ich habe es nicht geschafft. Ich wollte sie nicht noch einmal sehen.
Ich habe in ihrer letzten Nacht drei Stunden lang mit dem Arzt telefoniert, der neben ihr saß. Ich erzählte ihm bis ein Uhr morgens, was in unserer Familie abgelaufen ist, und sagte ihm, daß ich sicher bin, daß meine Mutter nicht mehr will. Sie wollten sie eigentlich behandeln, damit sie wieder auf die Füße käme. Aber sie ließ sich völlig fallen, und die Ärzte haben das schließlich akzeptiert. Morgens um vier rief mich jener Arzt an und sagte mir, daß sie endgültig eingeschlafen sei. So brutal es klingt, aber ihr Tod war für mich kein Schmerz, sondern eine Erleichterung. Ich hatte sie sechs Jahre lang gepflegt, und die Aufregung der letzten Wochen war einfach zu groß für mich. Ich wußte ja nie, ob sie noch lebte, wenn ich heimkam.
Ich habe deshalb keine Schuldgefühle, weil ich nicht mehr bei ihr war. Ich war auch erleichtert, daß sie nun Frieden hatte, denn sie war lange Zeit nur noch ein Wrack. Sie war im Grunde eine energische, vitale, temperamentvolle Frau gewesen, die durch die Scheidung völlig zusammenbrach. Zu meiner Hochzeit hatte sie

sich noch einmal aufgerafft, um danach ziemlich rasch – laut Befund an Herzversagen – zu verlöschen.
Meine Großmutter hat die Krankheit ihrer Tochter einfach nicht zur Kenntnis genommen. Sie war eine sehr viel stärkere Frau, als es meine Mutter gewesen war. Sie war eine Gutsbesitzerstochter aus Thüringen, die einen Feinmechaniker und späteren Erfinder geheiratet hatte. Sie hat meine Mutter vollkommen beherrscht. Meine Mutter war in ihrer Gegenwart, genau wie ich auch, immer still, klein und friedlich. Meine Großmutter war, obwohl sie winzig war, immer das Familienoberhaupt. Sie war nie laut, aber sehr energisch.
Sie starb zwei Jahre nach meiner Mutter. Sie lebte als Witwe allein, machte ihren Haushalt allein, und wir sahen uns oft, denn wir hatten in unserer Wohnung zunächst kein Bad und gingen zur Oma baden. Ich traf sie mit sehr viel größerem Vergnügen als meine Mutter, weil sie einen besser annehmen und einem besser verzeihen konnte als meine Mutter. Ich habe bei ihr mehr Bewunderung genossen und habe die Oma auch meinerseits bewundert. Dies ausgeglichene Gefühl hatte ich bei meiner Mutter nicht. Ich habe auch für die Oma viel mehr getan als für meine Mutter. Jedenfalls, als meine Mutter noch gesund und stark war. Als ich sie pflegte, war sie ja hilflos, und ich hatte die Oberhand. Zwischen Mutter und Tochter besteht immer ein gewisser Machtkampf, und die Oma mußte mich auch nicht erziehen. Ich lernte von ihr kochen und nähen.
Sie hat sich sehr gefreut, wenn wir kamen, sie freute sich aber auch, wenn wir wieder gingen. Sie wollte nie bei uns im Haushalt leben und kam auch sehr selten zu uns. Deshalb traf sie meine Mutter auch nur bei Familienfesten an, als diese sich zusammenriß. Sie wollte das Leiden ihrer Tochter nicht zur Kenntnis nehmen.
Als meine Mutter tot war, bin ich mit Oma in die Klinik gefahren, weil ich wußte, daß sie sie noch einmal sehen wollte. Sie ging ins Zimmer, kam völlig ruhig heraus, nur Tränen liefen über ihr Gesicht. Ich bin nicht mit hinein. Wir gingen zu ihr nach Hause, wo sie den ganzen Tag völlig teilnahmslos war. Das hat aber nur diesen einen Tag gedauert. Ich bin mir ganz sicher, daß sie damals schon beschlossen hatte, daß es jetzt mit ihrem Leben auch genug ist. Sie hatte jetzt alle Menschen verloren. Sie hat noch etwas

gewartet, bis wir Enkelkinder in der richtigen Bahn waren, aber dann wollte sie nicht mehr. Genau wie meine Mutter.
Kurz nach ihrem 85. Geburtstag legte sie sich ins Bett und hörte auf zu essen und zu trinken. Es hat drei Monate gedauert, so stark war sie. Sie starb zu Hause. Meine Schwester und ich haben sie, am Ende mit Hilfe einer Krankenschwester, gepflegt. Wir wechselten uns immer ab.
Die letzten vier Wochen war es unheimlich schön, am Bett meiner Großmutter zu sitzen. Wenn sie wach war, kommandierte sie wie immer, ob der Hund versorgt, die Blumen gegossen seien. Dann war sie weg. Sie fing im Halbschlaf an, von ihrer Jugend zu erzählen. Wir kannten viele Geschichten etwa ab ihrem zehnten Lebensjahr, denn sie hatte uns immer viel berichtet. Aber die letzten Wochen wurde sie immer jünger. Es kamen Geschichten, die wir nicht kannten. Ich habe diese Erzählungen genossen und vergessen. Es war wunderschön. Sie war oft wie in Trance. Ich habe, wenn ich bei ihr war, sehr viel gezeichnet.
Seither habe ich keine Angst mehr vor dem Tod.
Sie wurde immer friedlicher und freundlicher. Ihr kantiges Gesicht wurde weich und jung. Sie hat gelächelt, wenn sie schlief, und erzählte bis zurück zu ihrem dritten Lebensjahr. Als sie starb, war leider die Krankenschwester bei ihr, nicht ich. Meine Oma habe ich noch tot sehen wollen. Sie war ganz Frieden, mit einem feinen Lächeln auf den Lippen.
So machen es offenbar die Frauen in meiner Familie: Sie beschließen eines Tages, daß es nun Zeit ist zu sterben, und dann tun sie es auch.
Ich glaube nicht, daß es ein Leben nach dem Tod gibt. Es ist danach wahrscheinlich einfach Schluß. Meine Mutter kannte mehrere Medien, war wahnsinnig abergläubisch, hatte übersinnliche Erlebnisse. Sie versuchte, das auf mich zu übertragen, und ich habe mich natürlich innerlich dagegen gewehrt. Sie hat sogar Karten gelegt. Wenn sie ihren Schlüssel verschmissen hatte, nahm sie ihren Ehering, den sie bis zum Schluß trug, herunter, hängte ihn an eines ihrer Haare und fand den Schlüssel jedes Mal mit Hilfe dieses Pendels und eines Planes der Wohnung.
Ich dachte immer, die macht nur Schau, und versteckte den Schlüssel. Sie hat ihn aber immer wieder gefunden. Wenn eine

Krähe geschrien hat, sagte sie: „Heute nacht stirbt jemand in diesem Haus." Es hat immer gestimmt. Es war grauenvoll. Sie kam mir manchmal vor wie eine Hexe. Meine Tochter hat in dieser Hinsicht einiges von ihr geerbt. Meine Oma hingegen hatte mit diesen Dingen gar nichts am Hut.

Ich habe mit meiner Mutter schon lange vor ihrem Tod Frieden geschlossen. Schon von dem Moment an, als sie mir nicht mehr an den Kragen konnte, weil sie darniederlag. Ich war froh darüber, daß unsere Kämpfe aufhörten, es hat mich nicht gestört, daß meine eigentlich so starke Mutter plötzlich meine Hilfe brauchte. Meine Mutter hat nie darüber gesprochen, daß sie sterben wollte. Sie hat es nur durch ihre Haltung, ihre Krankheit ausgedrückt.

Auch meine Oma hat nie darüber gesprochen, daß sie für sich ganz allein, still und eigensinnig beschlossen hatte zu gehen. Sie haben sich beide mit niemandem ausgetauscht und hielten diese totale Einsamkeit aus. Diese Sturheit meiner Oma hat mich sehr fasziniert, mit der sie ihr Ende durchgezogen hat. Bei meiner Mutter hielt sich diese Faszination in Grenzen, weil ich mit ihrem Zustand viel länger belastet war.

Die Naturvölker haben das eigentlich immer so gemacht: Irgendwann haben sich die Alten in den Wald oder in die Berge zurückgezogen und sind gestorben. Meine Mutter und meine Oma haben das auch so halten können, weil man sie gehen ließ, nicht an Tröpfe hängte und künstlich zum Leben zwang.

Ich hatte lange Zeit Angst vor dem Tod. Das hängt vielleicht damit zusammen, daß ich mit vier Jahren direkt am Bett eines Toten knien und beten mußte, der ein Nachbar und vermutlich Patient meines Vaters gewesen war. Ich habe mir vielleicht deshalb weder meinen Vater noch meine Mutter tot angesehen. Erst seit dem friedlichen Weggehen meiner Großmutter habe ich diese Scheu überwunden.

Ich wünsche mir für mich, auch einmal so friedlich zu gehen. Die anderen, die zurückbleiben, haben es viel schwerer. Aber die berühren einen dann nicht mehr. Ich bin Organspender, man wird mich also auseinandernehmen nach meinem Tod.

Ich glaube schon, daß von meiner Mutter und meiner Großmutter etwas geblieben ist. Zwar nicht in Form von Geistern, die in der Nähe sind. Sondern vielmehr bestimmte Eigenschaften, Meinungen oder Bewegungen, die ich von ihnen übernommen habe. Ich versu-

che beispielsweise, mit meiner Tochter alles anders zu machen als meine Mutter, aber es geht nicht. Ich mache es genau wie sie.
Meine Mutter hat nie über ihr Verhältnis zu ihrer eigenen Mutter gesprochen. Wir hatten einen richtigen Frauenclan zum Schluß. Opa war gestorben, meine Eltern waren geschieden. Mir erschien ihre Beziehung als ein einziges Theaterspielen. Sie gaben sich einzeln völlig anders, viel freier, als wenn sie zusammen waren. Weihnachten waren wir immer grauenvoll friedlich, grauenvoll freundlich, grauenvoll harmonisch.
Ich habe mich weder durch den Abschied von meiner Mutter noch durch den von meiner Großmutter verändert. Bei meiner Mutter war ich eher erleichtert, denn ich war damals schwanger und mit meinem Mann mitten im Umzug. Ihr Tod bedeutete für mich auch viel mehr Spielraum. Durch den Tod meiner Oma habe ich lediglich die Angst vor diesem Dahinsterben verloren. Der Einschnitt war wohl gravierend, aber nur, weil mir bewußt wurde, daß alle Älteren gegangen waren, und wir – meine Geschwister und ich –, so jung wir damals waren, jetzt das Oberhaupt der Familie bildeten. Außerdem hatte ich mich offenbar schon sehr stark von meiner Mutter abgelöst. Das lag auch an meinen Eltern selber. Wir waren als Kinder viel uns selbst überlassen, weil beide Elternteile ständig in der Praxis schufteten. Wir haben uns mit meiner Schwester eng zusammengeschlossen und verstehen uns heute – auch mit unserem älteren Bruder, der damals schon weit selbständiger war – besonders gut. Wenn sie jetzt gehen müßten, würde mich das viel tiefer treffen.
Meine Mutter hätte sicher viel länger gelebt, wenn sie meinen Vater nicht verloren hätte. Sein Weggehen hat ihren Lebensnerv abgeschnitten. Auch mich würde es furchtbar tief verletzten, wenn ich jetzt ohne meinen Mann weiterleben müßte. Wir sind seit 25 Jahren zusammen und sehr glücklich miteinander. Aber ich würde mich nicht umbringen, weil ich das Leben viel zu sehr liebe.
Auch die Ehe meiner Großeltern war voller Respekt und Zuneigung. Sie nannte ihn nur mit dem Nachnamen – aber liebevoll –, und er haute ihr immer auf den Hintern. Freunde meiner Eltern, die noch leben, haben mir berichtet, wie gut sich auch meine Eltern anfangs verstanden hätten. Wahrscheinlich war ihre Trennung ein Fehler. Ich glaube, sie hatten einfach zu wenig Zeit, miteinander zu reden.

Ich hatte das Gefühl, jetzt bin ich verlassen

Gisela H. (48), Redakteurin

Ich habe meine Mutter als Kind mit allen positiven und auch allen beladenen Seiten kennengelernt, die man von einem anderen Menschen und einer sensiblen Frau nur kennenlernen kann. Ich wußte immer, daß sie für mich da war, egal in welcher Situation. Sie bemutterte mich im wahrsten Sinne des Wortes, sie tat alles, um mir eine gute Ausbildung zu ermöglichen. Sie betonte immer, wie wichtig es für meine Schwester und mich sei, mit Männern erst dann eine Beziehung oder Partnerschaft einzugehen, wenn wir sattelfest im Beruf seien. Das heißt, sie wollte, daß wir als emanzipierte Frauen lebten, weil sie selbst die Nachteile der Abhängigkeit von einem Mann kennengelernt hat. Weil sie eine schlechte Ehe führte, war sie manchmal traurig, hat sich auch mitunter an uns geklammert.

Aber in meinen Gedanken überwiegen die Erinnerungen, bei denen sie mir in Notsituationen beigestanden hat. Ich wußte, ich konnte mit allem zu ihr kommen. Sogar bei einer Abtreibung hat sie mit mir gezittert und mir vorher angeboten: Behalte das Kind, ich ziehe es groß. In jeder extremen Lage war meine Mutter an meiner Seite. Sie hat immer mit mir mitgefühlt, sie war meine beste Freundin und hat versucht, sich ganz intensiv in mich hineinzuversetzen.

Meine Mutter hat sehr an ihren Kindern – meiner Schwester und mir – gehangen, hat uns aber später dennoch loslassen können. Wenn ich ihr meine Pläne erzählte, war sie nicht immer meiner Meinung, aber sie hat mich stets unterstützt.

Sie litt öfter in ihrem Leben an Krankheiten: Herzprobleme, Gallenkrisen, lauter Dinge, die mehr oder weniger psychosomatischer Natur waren. Deshalb haben wir ihre Krankheiten auch nicht so unbedingt ernst genommen.

Ich habe sehr viel darüber nachgedacht, wie es zu ihrem so plötzlichen Ende kommen konnte. Sie ist auf einer Auslands-Urlaubsreise mit mir von einem Tag zum anderen gestorben. Das war der größte Schock in meinem Leben. Ich versuche seitdem, aus ihren Briefen, aus Geschehnissen in der Vergangenheit irgend-

welche Anzeichen dafür herauszulesen. So schrieb sie beispielsweise in einem ihrer Briefe: „Wir können froh sein, daß wir noch leben." Ich habe das damals nicht als Signal aufgefaßt, aber heute halte ich das nicht für ausgeschlossen. Sie war ein Jahr vor ihrem Tod wegen einer Unterleibsgeschichte im Krankenhaus gewesen, sagte mir aber, daß dies nicht gravierend sei. Aber als sie tot war, sagten mir die Ärzte im Krankenhaus, sie habe vielleicht eine Geschwulst, weil ihr Bauch so aufgebläht war. Sie fragten, ob sie darunter gelitten habe. Ich hatte nach ihrem Tod im Ausland eine Obduktion verweigert, die normalerweise für den „Export" von Leichen vorgeschrieben war. Aber die Ärzte unterstützten mich gegen die Behörden, weil ich meine damals noch ziemlich kleine Nichte mit dabei hatte.
Ich bringe diese Dinge im nachhinein in einen Zusammenhang, aber ich kann den Grund für ihren plötzlichen Tod nicht mehr zweifelsfrei feststellen, weil auch ihr behandelnder Arzt kurz nach ihr gestorben ist. Selbst wenn ich es könnte, würde es meine Mutter nicht mehr lebendig machen.
Ihren Tod habe ich wie in einem Alptraum erlebt: Meine kleine Nichte klopfte kurz nach Mitternacht an die Tür meines Hotelzimmers. Sie schlief mit meiner Mutter in einem Raum. Als ich aufmachte, sagte sie: „Die Oma ist tot." Ich rannte mit ihr hinüber. Meine Mutter lag im Bett und war tot.
Wir haben ihr die Hände gefaltet – das habe ich ganz automatisch getan –, und dann sagte ich: „Wir sprechen jetzt zusammen ein Gebet. Die Oma würde sich darüber freuen." Das haben wir getan. Ich sagte darauf zu meiner Nichte, sie war damals neun Jahre alt, „Pack die Koffer, wir fahren nach Hause." Ich wollte, daß sie beschäftigt ist. Ich rief den Notarzt, die Hotelrezeption, von da an stand ich neben mir. Es trat ein Schock ein, der sich darin bemerkbar machte, daß ich plötzlich nicht mehr glaubte, daß Mama tot war. Als man sie auf einer Liege die Treppe heruntertrug und ein Leintuch über sie deckte, habe ich es hochgehoben, aus Angst, sie könnte dadurch nicht richtig atmen. Im Krankenwagen habe ich Arzt und Helfer gefragt, warum sie das Blaulicht nicht einschalten. Wir hätten es schließlich eilig. Und ich habe sie gestreichelt. Als mir in der Klinik endgültig bewußt wurde, daß sie tot war, habe ich mich gefragt: Warum konnte ich ihr nicht rechtzeitig helfen?

Warum gab es keine Anzeichen, damit ich noch etwas hätte unternehmen können? Ich habe an ihrer Bahre geweint und ihr gesagt, wie leid es mir tut, wie dumm ich war und daß ich vielleicht nicht genügend aufgepaßt habe, um irgendwelche Anzeichen zu erkennen. Ich fühlte unendliche Hilflosigkeit und spürte, daß ich mit leeren Händen dastand und gar nichts mehr für sie tun konnte.
Von dem Moment an habe ich darum gekämpft, daß sie nicht lange in dieser Kellergruft im Krankenhaus bleiben mußte. Daß sie ganz schnell und möglichst pietätvoll nach Hause kam. Das war das einzige, was ich noch tun konnte.
Nachts um drei sagte man mir, ich müßte mich jetzt von ihr trennen. Da habe ich sie ein letztes Mal geküßt. Ich hatte darum gebeten, daß man nicht dies schmutzige Laken über sie legt, sondern ein sauberes bringt. Als ich mich von ihr verabschiedet hatte, ging ich hinaus auf die Straße – eine große, leere Kreuzung in der Nacht. Ich hatte um ein Taxi gebeten, auf das ich draußen warten wollte. Als ich aus der Klinik kam, die warme Luft mich umfing, ich zehn Minuten lang ganz allein auf dem Platz stand und die Hunde da draußen in der Nacht heulten, da fing ich furchtbar an zu weinen und zu schreien und zu klagen. Ich hatte das Gefühl, jetzt bin ich verlassen. Jetzt bin ich ganz allein.
Als ich die Beerdigung und alle Umstände, die damit zusammenhingen, hinter mir hatte, war ich nicht in der Lage, etwas von ihren Sachen anzuschauen, außer alten Fotos. Ich konnte auch ihre Kleider nicht sortieren. Das hat alles meine Schwester getan, weil sie in Hamburg in ihrer Nähe wohnte und ich in München und weil sie es auch besonders gern tun wollte.
Es hat lange gedauert, bis dieser Schock sich abgeschwächt hat. Aber ich kann heute noch kein Tonband von meiner Mutter hören. Ich habe eins in der Schublade. Es sind 12 Jahre vergangen, und ich bin noch immer nicht in der Lage, dieses Tonband zu hören, weil ich ihren Tod nur sehr, sehr langsam verarbeiten kann.
Wenn ich die Augen schließe, kann ich noch heute sehr vage den Geruch meiner Mutter einatmen. Wie wenn man den Geruch eines von einem bestimmten Menschen getragenen Kleidungsstücks wahrnimmt. Diese körperliche Nähe habe ich heute noch zu ihr, wenn ich sie haben möchte. Sie war erst 59, als ihr Tod mit dieser schockierenden Plötzlichkeit eintrat. Ich hatte immer gedacht, ich

könnte mit ihr noch vieles unternehmen. Die Zeit, die ich als junge Frau mit ihr nicht verbracht habe, weil ich so verwickelt war in mein eigenes Leben, in meinen Beruf, in Liebesgeschichten, nachholen. Ich glaubte, ich würde mit ihr noch viel reisen, endlich mehr Zeit für sie haben. Ich habe es sehr bedauert, das nicht mehr tun zu können. Das Gefühl, ihr nicht genug gegeben zu haben, nur genommen zu haben, ist geblieben.

Ich möchte anderen Menschen raten, nichts zu versäumen. Man glaubt, eine Mutter lebt ewig. Man kann sich gar nicht vorstellen, daß sie einmal nicht mehr da ist, und fühlt sich im Grunde immer noch wie ein Kind in der Beziehung zu ihr, auch wenn man noch so erwachsen ist. Der Tod ist so weit fort aus den Gedanken, besonders wenn man innerhalb der Familie noch nie damit konfrontiert wurde.

Man sollte schon als junger Mensch von seinen Eltern dazu angeleitet werden, den Tod ins Leben miteinzubeziehen und mit ihm umgehen zu lernen. Vor allem sollte man nicht wegschauen, wenn so etwas in der näheren Umgebung geschieht. Man sollte die Gedanken schon früh tiefer werden lassen und sich überlegen, was wäre, wenn der Vater, die Mutter, der Bruder heute nicht mehr da wäre, und dieses Gefühl nicht einfach beiseite schieben. Dies würde auch zu einer Klärung der inneren Beziehung zu jenem Menschen beitragen.

Und vor allem würde es einen rechtzeitig dazu führen, wenigstens ab und zu das zu tun, was später vielleicht unwiederbringlich ist: kleine Liebesbeweise, gemeinsam verbrachte Zeit.

Der Tod meiner Mutter hat mein Leben sehr beeinflußt. Einmal wurde ich mir darüber klar, wieviel meine Mutter für mich getan hat und wer sie in ihrem Wesen war: ein Mensch, der gegeben hat. Ich habe mich mit ihr verglichen und habe festgestellt, daß ich egoistischer bin. Daß sie eine Frau voller Liebe war und anderen Menschen helfend gegenüberstand. Ich habe gemerkt, daß sie in mir jegliche Form von Gefühlsleben entwickelt hat, alles, was ich an Loyalität, an Anhänglichkeit, an Treue empfinden kann, und daß ich an manches genauso naiv herangehe wie sie. Berechnung war ihr fremd, und dafür habe ich sie noch immer lieb.

Sie hat mich nie gelehrt, vorsichtig auf andere zuzugehen. Manchmal denke ich, wenn sie mich doch nur nicht so naiv gelassen

hätte, weil auch ihr eigenes Wesen so war. Andererseits ist es aber eine große Stärke, so ohne Berechnung zu sein und als erstes stets freundlich auf andere zuzugehen.
Im Vergleich mit ihr habe ich Erkenntnisse über mich selbst und mein Verhalten ihr und meiner Umwelt gegenüber gewonnen. Es war eine beinahe psychotherapeutische Auseinandersetzung. Ich erinnere mich immer daran, wie stark sie mich gemacht hat. Schon als Kind sagte sie zu mir: „Du bist gut, du bist klug, du bist schön.“ Das war sehr klug von ihr und hat mir viel Selbstvertrauen gegeben. An diese Kraft habe ich mich oft erinnert, wenn ich mal schwach war. All das hat sie aus mir gemacht und in meinem Wesen verankert. Durch diese Auseinandersetzung mit ihr wurde sie ganz bewußt ein Teil von mir.
Mir wurde auch bewußt, daß man mit 59 Jahren ganz plötzlich sterben kann. Ich frage mich jetzt öfter, ob ich mein Leben ausreichend genutzt habe, wenn es in zehn Jahren anhält? Oder ob ich nur gearbeitet und meine Zeit mit Dingen verschwendet habe, die unnötig waren? Diese Relationen sehe ich nach dem Tod meiner Mutter genauer. Es ist so, als wenn ein Mensch eine Krankheit hat, durch die ihm die wichtigen Dinge des Lebens bewußt werden.
Ich glaube im Grunde nicht so richtig an ein Danach. Aber ich glaube dennoch, daß meine Mutter noch irgendwo existent ist. Ich glaube, daß ihre Seele überlebt hat und daß sie vielleicht mein Schutzengel geworden ist. Ich bin in meiner Beziehung zu ihr Kind geblieben. Wenn ich in einer Notlage bin, dann schaue ich ihr Foto auf meinem Nachttisch an oder ich gehe zu ihrem Grab und bitte sie: „Hilf mir aus dieser Situation heraus, wenn du kannst. Aber ich möchte nicht, daß es dich belastet. Ich möchte, daß du da, wo du jetzt bist, in Frieden bist.“ Ich habe schon erlebt, daß daraufhin komischerweise Zufälligkeiten entstanden, daß wirklich etwas geschah. Daß tatsächlich ein kleines Wunder eintrat und mir geholfen wurde. Dann sage ich in Gedanken: „Mama, ich danke dir.“ Ich bitte nicht nur sie manchmal um Hilfe, sondern auch Gott. Das hat schon ganz entfernt mit einem Anflug von Glauben an Seelenwanderung in Anlehnung an den Buddhismus zu tun. Dieser Glaube ist etwas handfester als all dies Katholische mit seinem Fegefeuer. Möglicherweise ist Glaube eine kleine Krücke, die uns allen ganz gut tut, wenn wir Angst haben. Wenn ich richtig Angst

habe, dann sind da wohl schon die leisen Anflüge eines Glaubens an ein Danach. Aber sie erschöpfen sich in diesem Kinderglauben. Eins habe ich bisher noch nicht geschafft: daß ich Menschen gegenüber, die Hilfe brauchen, ebenso großzügig und hilfsbereit bin, wie meine Mutter es gewesen ist. Sie nahm beispielsweise damalige Zonen-Flüchtlinge bei uns zu Hause auf, gab ihnen ein Zimmer ein Stockwerk tiefer und ließ sie dort umsonst wohnen. Ich habe heute noch ein kleines Silberamulett und ähnliche Dinge, die diese Menschen ihr zum Dank nach monatelangem Wohnen und Essen bei uns geschenkt hatten. Ich glaube nicht, mich damit herausreden zu können, daß unsere Zeit heute nicht mehr danach ist. Ich bin einfach egoistischer als sie, aber ich arbeite daran, das zu ändern.

Meine Mutter ist der Mensch geblieben, der mir heute noch am meisten fehlt. Wir haben früher auch manchmal heftig gestritten, wie das zu einer lebendigen Beziehung dazugehört, aber nie, ohne uns am Schluß in den Arm zu nehmen und uns zu sagen, daß wir uns liebhaben. Es war mir immer sehr wichtig, daß sie das weiß, denn ich lebte ja 800 Kilometer von ihr entfernt.

Ich bedauere, daß ich sie nichts mehr über unsere Familie fragen kann. Dinge, die nur sie wußte. Über meinen Vater, der starb, als ich noch ein Baby war. Als noch Zeit dafür gewesen wäre, war ich zu jung, um mich für solche Familienzusammenhänge zu interessieren. Ich lasse sie immer noch an meinem Leben teilhaben. Wenn ich großes Glück hatte oder mich sehr froh fühle, sage ich das zu ihrem Foto auf meinem Nachttisch. Sie ist immer noch ein Stück meines Lebens. Die Nabelschnur zwischen uns ist nicht zerrissen. Der Tod meiner Mutter ist ein unbewältigtes Kapitel von Emotionen für mich geblieben. Ich werde auch keineswegs froh darüber sein, wenn ich eines Tages aufhöre, darunter zu leiden. Zu denken, sie ist nicht mehr, und es ist mir gleichgültig, vereinbart sich nicht. Was meine Einstellung zum eigenen Tod betrifft, so kann man sich vieles ausdenken, solange er noch recht fern scheint. Wie es aber dann wirklich ist, wenn man Schmerzen hat und sterben möchte, wie es dann wirklich ist, wenn man weiß, daß man nur noch ein Jahr zu leben hat . . .

Allerdings wäre ich sehr dankbar, wenn es eine Pille gäbe, die mich erlöst, wenn es mir einmal sehr schlecht geht. Denn ein Leben mit Schmerzen ist nicht lebenswert. Andererseits kenne ich Menschen, die hohe Dosen Morphium brauchen und dennoch auf keinen Fall sterben möchten. Ich weiß nur eins, und das ist wenigstens ein kleiner Trost: Wenn ich sterbe, müssen nicht allzu viele Menschen leiden. Ich habe keine Kinder, die trauern müssen. Wenn man weiß, daß man einfach so dahinscheiden kann, ohne daß Menschen zurückbleiben, denen damit das Leben schwergemacht wird, läßt es sich vielleicht leichter sterben. Andererseits gibt es Menschen, die es als schrecklich empfinden, ganz allein sterben zu müssen. Die wünschten, es wären andere da, die um sie trauerten.

Ich wünsche mir einen Tod, der friedvoll ist und andere nicht zu sehr leiden läßt. Der Tod ist doch bereits enthalten im Atmen, morgens Aufstehen, Geborenwerden, langsam Älter-Werden: kleine Schritte der Reifung, aber auch kleine Schritte hin zum Ende. Aber vorerst lebe ich gern, habe viele Pläne und möchte noch sehr viel Zeit haben, ohne in das tägliche Einerlei so stark eingespannt zu sein, wie ich es heute bin.

Wenn ich jetzt sterben würde, dann bereue ich nichts, dann vergebe ich nichts, und es braucht auch niemand nur deshalb gut über mich zu sprechen, weil ich tot bin. Wenn ich tot bin, merke ich wahrscheinlich nichts mehr. Dann ist vielleicht auch mancher Kampf ausgestanden.

Ich denke, es sollte mehr Hausärzte geben, die sich um Alte und Sterbende in deren gewohnter Umgebung kümmern. Manchmal sehe ich in Krankenhäusern Menschen, die nicht mehr viel Leben in sich haben. Ich denke dann, daß jeder von ihnen jemanden haben sollte, der seine Hand hält, wenn er stirbt. Die Schwestern können so etwas nicht immer. Es sollte Menschen geben, die freiwillig zu Todkranken gehen, damit sie jemanden in der Nähe haben und nicht allein auf einem Korridor sterben müssen.

Viele alte Menschen haben Angst vor dem Tod. In der Angst ist man nie gern allein. Ich könnte mir vorstellen, daß es auch für mich ein Trost wäre, für einen anderen Menschen dazusein und mit ihm zu sprechen, wenn er nicht allein sterben möchte. Als eine Art freiwilliger Sterbebegleiter in den letzten Wochen des Lebens, der ohne Berechnung, aber mit psychologischem Geschick und vor allem mit Sensibilität dem anderen zuhört und liebevoll mit ihm umgeht.

Manchmal fürchte ich mich davor, genauso jung zu sterben wie meine Mutter. Aber ich denke dann, was hat ihr früher Tod mit

deiner Gesundheit zu tun? Trotzdem kommt manchmal der Gedanke: Hoffentlich bist du stabiler. Wenn mein 59. Geburtstag vorbei ist, wird diese Belastung von mir genommen sein.
Eigentlich glaube ich daran, was in der Bibel steht: Erde zu Erde, Asche zu Asche, Staub zu Staub. Wir werden nach unserem Tod eben wieder ein Teil der Natur.

Sie sagte: Christine, es tut mir so leid

Christine H. (54), Hausfrau

Ich habe kaum Erinnerungen an meine Mutter. Ich wuchs als Vollwaise auf, denn mein Vater war im Krieg gefallen, und ich habe meine Mutter zum letzten Mal gesehen, als sie sich zum Arbeitsdienst meldete. Damals war ich fünf Jahre alt. Wir lebten in Westpreußen, dem heutigen Polen, und meine Tante, die Schwester meiner Mutter, sollte mich vorübergehend aufnehmen. Sie hatte selbst drei Kinder.
Durch die Wirren der Flucht haben wir meine Mutter aus den Augen verloren und nie wiedergesehen. Wir haben sie jahrelang durch das Rote Kreuz suchen lassen, aber nach vergeblichen Bemühungen wurde sie schließlich für tot erklärt.
Eine einzige Erinnerung an sie war mir immer gegenwärtig: Eine dunkelhaarige Frau, die mich zu Bett brachte und vor meinem Bett stehend mit mir das Vaterunser betete. Sie muß das jeden Abend in gleicher Weise gemacht haben, denn an dieses Bild erinnere ich mich noch heute ganz genau.
Ich wuchs abwechselnd bei meinen beiden Tanten auf, die mich sehr gut und gerecht behandelten. Ich fühlte mich geborgen, war mir aber immer bewußt, daß meine Cousins und Cousinen mich manchmal als Eindringling betrachteten und eifersüchtig auf mich waren. So lieb meine Tanten zu mir waren, habe ich immer gespürt, daß ich nicht so recht dazugehörte, und war stets bemüht, mich höflich und korrekt zu verhalten. Ich war ihnen unendlich dankbar, daß ich nicht

ins Waisenhaus mußte. Einmal saß ich auf dem Schoß meiner Tante und schmuste mit ihr. Da kam mein kleiner Cousin, schubste mich herunter und sagte: „Das ist meine Mama." Seither habe ich Distanz zu meiner Tante gehalten. Ich wollte niemandem Kummer machen. Heute habe ich eine eigene Familie. Meinen Sohn habe ich erst nach langer Kinderlosigkeit mit 42 Jahren bekommen, als ich schon gar nicht mehr daran glaubte, ein Baby haben zu können. Mein Mann und mein Sohn sind jetzt mein Zuhause.

Bewußt vermißt habe ich meine Mutter eigentlich nie, denn die Erinnerungen an sie waren einfach zu spärlich. Aber es war mir meine Kindheit über und auch im späteren Leben immer schmerzlich bewußt, daß ich nie die Wärme eines richtigen, eigenen Elternhauses kennengelernt hatte. Ich war ja immer nur eine Art Gast gewesen. Ich empfand einen Verlust, obgleich ich gar nicht richtig wußte, wie das war, was ich da entbehrte. Aus dieser Erfahrung heraus sind mein Mann und mein Sohn unendlich wichtig für mich, und ich bemühe mich jeden Tag aufs neue, unser Familienleben so schön und harmonisch wie nur möglich zu gestalten. Meinem Sohn soll es an nichts fehlen.

Ich hatte lange Zeit nicht an meine Mutter gedacht, da hat mich ein Ereignis in meinem Leben tief berührt:

Wir waren in den Osterferien 1989 wie alljährlich mit Mann und Sohn in Südtirol zum Skilaufen. Ich weiß noch genau, daß es der 22. März war, als wir am Nachmittag nach einem herrlichen Skitag in einem Berggasthof einkehrten. Meine Männer gingen zur Toilette, und ich saß geruhsam auf der Terrasse in der Frühlingssonne und bestellte für uns drei schon mal etwas zu trinken. Ich schaute auf die Uhr – es war genau 16 Uhr. Es würde bald Zeit werden, ins Tal abzufahren. Ich war müde und bestens gestimmt. Da überfiel mich plötzlich eine Vision. Vor meinen Augen entstand das Bild einer alten, weißhaarigen Frau, die in einem braunen, altertümlichen Bett in aufgetürmten Kissen lag. Sie war ganz ausgemergelt und drückte mit ihren hageren Händen die Bettdecke an ihre Brust. Mich ergriff unvermittelt ein ungeheurer Schmerz, ein unendliches Bedauern. Ich wußte einfach, daß etwas Unwiederbringliches verlorenging. Da hörte ich – nein, ich spürte mit großer Klarheit die Worte: „Christine, es tut mir so leid." Da wußte ich, daß in diesem Augenblick meine Mutter gestorben war. Ich brach in Tränen aus. Da beugte sich mein Mann besorgt über mich. „Meine Mutter ist soeben gestorben", sagte ich. Und er antwortete: „Christine, ich glaube dir."

Meine Mutter muß demnach irgendwo im Osten gelebt und in ihrer Todesminute intensiv an mich gedacht haben. So intensiv, daß ich ihr ganzes Bedauern, ihren ganzen Kummer um ihr verlorenes Kind, vielleicht ihre ganze Schuld fühlte. Ich weiß, daß so etwas geht. Wir haben es als Kinder oft probiert, und es hat funktioniert. Wenn wir uns sehr stark auf jemanden konzentrierten, konnten wir ihn durch Gedankenkraft herbeirufen.

Aber ich glaube trotz dieses Erlebnisses mit meiner Mutter nicht an ein Weiterleben nach dem Tod. Ich glaube eher, daß gewisse Eigenschaften von uns in unseren Kindern weiterbestehen. Und ich glaube daran, daß man so lange nicht wirklich tot ist, wie die Kinder noch an einen denken.

Unsere Mütter holen uns ab, wenn wir sterben

Josephine H. (78), Rentnerin

Meine Mutter! Meine liebe Mutter war und blieb eine Grande Dame der Gesellschaft, bis zu ihrem letzten Atemzug. Aber ich habe heute den Eindruck, daß dieses Leben zwischen 1891 und 1946 für sie viel zu schwer gewesen ist. Sie starb mit 55 Jahren, weil ihre gesamte Lebenskraft verbraucht war. Als sie starb, war ich 41. Ich habe sie stets sehr verehrt und geliebt.

Sie stammte aus einer Adelsfamilie mit einem Schloß am Main, das zwischen Wertheim und Miltenberg direkt am Fluß gelegen ist. Das Barockschlößchen aus rotem Sandstein bietet heute einen desolaten Anblick, die Fensterläden sind mit Brettern vernagelt, und durch den schönen Garten, der sich bis zum Fluß hinunterzog, hat man eine Eisenbahnlinie gebaut.

Meine Mutter wurde mit vier Jahren Vollwaise und wuchs deshalb in München bei Tante und Großmutter auf. Mit zehn Jahren kam sie in ein Salesianerinnenkloster, damals ein Mädchenlyzeum für Adelige; in ihrer Klasse war auch die spätere Kaiserin Zita von Österreich. Meine Mutter war bei den Nonnen und Mitschülerinnen sehr beliebt.

In München wurde sie schließlich in die Gesellschaft eingeführt und heiratete 1913 meinen Vater, einen Bildhauer und ehemaligen Offizier des Königlichen Bayrischen Infanterie-Leibregiments, der zwar von altem Adel, aber nicht vermögend war, ganz im Gegensatz zu meiner Mutter, die nur mit den Zinsen ihres Vermögens alle finanziellen Dinge bestreiten konnte. Die minutiös geführten Abrechnungen haben wir später gefunden. 1914 und 1915 wurden zunächst mein Bruder, dann ich geboren. Später kam noch ein Geschwisterpärchen hinzu. Wir hatten unsere eigene kleine Kinderwelt in einem großen Kinderzimmer und nahmen am gesellschaftlichen Leben unserer Eltern wenig teil, außer zu den Mahlzeiten, zu denen wir stets pünktlich und mit gewaschenen Händen erscheinen mußten, oder wenn wir Gästen vorgeführt wurden.

Meine Mutter stand für mich als ein aus der Ferne geliebtes Idealbild auf einem Sockel. Geborgen gefühlt habe ich mich aber bei unserer Kinderfrau, die der gütigste und selbstloseste Mensch war, dem ich jemals begegnet bin. Sie kam zu uns nach München, als ich ein Jahr alt war, und hatte vorher bei einer Familie Feuchtwanger in Paris als Kinderfräulein gedient. Sie sprach perfekt Französisch und hat geduldig, aber erfolglos immer versucht, uns diese Sprache beizubringen. Sie blieb 35 Jahre bei uns, hat später in der Zeit unserer Geldnot sogar ohne Lohn und ohne Murren die gesamte Hausarbeit gemacht. Ich hielt bis zu ihrem Tod herzlichen Kontakt mit ihr. Sie war und ist noch immer meine stärkste innere Bindung, und es quält mich heute noch, daß meine Mutter sie schlecht behandelt hat. Jetzt kann ich aber verstehen, daß das für meine Mutter ein Ventil gewesen sein muß für ihre eigenen unterdrückten Gefühle. Und meine geliebte Marie hat oft geweint, scheint Mutter aber aus Mitleid verstanden zu haben. Mir kommen heute noch die Tränen, wenn ich daran denke.

Meine Mutter war sehr stark auf ein gesellschaftliches Leben orientiert, spielte Bridge, gab Tee-Einladungen, machte Besuche und so weiter. Sie spielte sehr gut Klavier, bis zur Konzertreife, was mich daran gehindert hat, selbst gut Klavier spielen zu lernen, weil ich mir immer dachte: So gut wirst du nie! Meine Mutter wollte trotzdem mit mir vierhändig spielen, was oft mit einer Heulerei endete. Voll Sehnsucht nach ihrer Nähe steckte ich mitunter meine Nase in ihren Pelzmantel, um ihren Muttergeruch einzuatmen: Das war Mitsouko von Guerlain, das ich wohl deshalb heute noch selbst benütze. Meine Mutter war mehr auf ihre Söhne bezogen als auf mich, später auf die jüngste Tochter, die neun Jahre jünger war als ich. Deshalb bin ich auch so früh von zu Hause fort. Mein Vater, der als Künstler immer etwas weltfremd war, zeichnete, wie andere Idealisten, im Ersten Weltkrieg eine Kriegsanleihe, wodurch das stattliche Vermögen meiner Mutter erheblich schrumpfte, noch ehe es dann der Inflation endgültig zum Opfer fiel. Zu Beginn der Inflation kauften sie 1919 mit dem Erlös einer unendlich langen Kette aus echten, großen Perlen ein Anwesen in einem bayrischen Kurort, und wir zogen dorthin um.

Ich besuchte dieselbe Klosterschule wie meine Mutter, und darauf war ich stolz, obwohl ich dort einen Freiplatz hatte und mir gesagt wurde, ich müsse brav sein, denn für mich werde ja nichts bezahlt. Meine Mutter war ein gütiger Mensch, beherrscht und freundlich. Nur einmal hat sie mir eine – allerdings ungerechte – Ohrfeige gegeben, die mich sehr gekränkt hat. Aber eine richtige Nähe mit spontanem Umarmen oder Trösten kam nie zwischen uns auf, und damit habe ich selbst auch heute noch Schwierigkeiten. Ich habe meine Mutter jedoch nie in Frage gestellt oder kritisiert, sie war für mich eine selbstverständliche Institution, die man liebte und der man gehorchte. Sie war eine Frau, die sehr stark in Tradition wurzelte; so wie es von jeher war, so war es eben. Auch in ihrer Ehe. Ich weiß nicht, ob diese Ehe jenseits der Fassade glücklich war. Sie hatte immer Verehrer und sonnte sich in deren Bewunderung, die nicht so sehr Erotik, sondern eigentlich mehr Verehrung war. Sie selbst konnte sich aber Hals über Kopf verlieben, und darüber hat sie auch mit mir gesprochen. Wirklich in ihre Nähe getrauten sich diese Herren wohl nicht, und daher waren diese Erlebnisse eigentlich immer unbefriedigend. Ich bin sicher, daß sie meinen Vater nie betrogen hat. Diese Ehe und dieses Leben – wie schwer auch immer es wurde – war für sie eben gottgegeben. Eine Trennung war daher undenkbar. Ich hatte damals ein verinnerlichtes Tabu, das mich daran hinderte, meine Eltern zu beurteilen oder gar zu kritisieren. Mein Vater war für uns Kinder immer erreichbar, gütig, geduldig, interessiert und hilfsbereit. Wenn etwas war, Rechenaufgaben oder blutige Knie, sind wir zu ihm gelaufen. Wir haben ihn als Kinder mehr geliebt als unsere Mutter. Dennoch habe ich ihm später vieles übelgenommen – meiner Mutter nur diese eine Ohrfeige. Dieses Tabu hängt vermutlich mit dem unterschwelligen Bewußtsein der unausweichlichen karmischen Bindung zusammen, das einen daran hindert, eine gegebene Situation nicht zu akzeptieren, und zwingt, damit fertigzuwerden. Das nennt man dann gottgegeben. Man unterwirft sich sozusagen „ungewußt" einem höheren Willen, und das ist immer von Vorteil.

Da waren nun also vier Kinder, ein großes Anwesen, ein Mann, der als Bildhauer nichts verdienen konnte und mit gutgläubigen Bürgschaften auch noch das letzte Geld loswurde. Meine Mutter, die nicht einmal kochen konnte und von klein auf an Personal gewohnt war, mußte nun für die ganze Familie sorgen. Das Schlimmste war jedoch, daß mein Vater wegen einiger Witze über Hitler, die er unvorsichtigerweise öffentlich erzählte, gleich nach der „Machtübernahme" 1933 verhaftet und vor Gericht gestellt wurde. 1934 wurde er erneut verhaftet und landete im KZ Dachau. Daran erinnere ich mich sehr ungern, weil ich daran Schuld trage. Ich hatte 1933 mit 18 Jahren einen Mann geheiratet, der engstens mit der örtlichen SA-Führung befreundet war und selbst ein Mitglied der berittenen SA gewesen ist. Ich wußte, daß meiner Mutter diese Heirat sehr wenig gefiel, und wartete eigentlich darauf, daß sie sie mir verbieten würde. Sie hat aber nur geweint. Ich ließ mich also aus Trotz auf diese übereilte Hochzeit ein, und die Ehe lief auch dementsprechend gründlich schief. Schon nach drei Monaten verließ ich meinen Mann und kam wieder heim. Dadurch war dieser Mann derart haßerfüllt, daß er meinen Vater wegen „defaitistischer Reden gegen die NSDAP" denunzierte. Mein Vater war jedoch nur wenige Monate in Dachau, bis zum Röhmputsch, bei dem die SA-Führer entmachtet wurden, die ihn verhaftet hatten. Durch Fürsprache eines hohen Beamten im Innenministerium wurde mein Vater dann freigelassen, was damals an ein Wunder grenzte.

Meine Mutter fand meine Scheidung zwar etwas unpassend, nahm mich aber wortlos auf und ließ mich erzählen. Leider hatte sie diese Ehe aber nicht verhindert. Vielleicht spielte dabei auch mit, daß mein erster Mann sehr vermögend war und meine Eltern große Geldsorgen hatten, aber meine Eltern ließen im allgemeinen ihre Kinder machen, was sie wollten.
Meine Mutter funktionierte in dieser Zeit unser Anwesen in ein Ausflugscafé für Kurgäste um, das jedoch zum Sterben zuviel und zum Leben zuwenig abwarf. Es wurden Hypotheken aufgenommen, und schließlich war der Besitz so belastet, daß er 1938 zwangsversteigert wurde. Meine Mutter litt unendlich darunter. Damals war ich in der Schweiz, die ich aber nach dem „Anschluß" Österreichs verlassen mußte. Meine Eltern zogen so gut wie ohne Geldmittel nach München in eine Wohung um. Inzwischen hatte mein Vater „vergessen", daß er im KZ gewesen war, und ließ sich im Zuge der Mobilmachung für die Annexion Österreichs als Offizier reaktivieren. Dadurch hatten meine Eltern endlich ein geregeltes Einkommen. Ich selbst kam nach München zurück und arbeitete in derselben Dienststelle wie mein Vater, um das nötige Geld dazuzuverdienen.
Kurz darauf begann der Zweite Weltkrieg, und meine beiden Brüder mußten an die Front. Der Älteste ist gleich zu Anfang in der Ukraine gefallen und der zweite nur zehn Tage später, ebenfalls in der Ukraine. Meine arme Mutter war in einem beklagenswerten Zustand, sie lag nach Atem ringend im Bett, konnte kaum noch Luft kriegen und kein Wort mehr sagen, hat aber niemals die Contenance verloren. Sie hat nie geklagt und hat ihr schweres Leben ertragen, es ging aber über ihre Kräfte. Meine Liebe zu ihr bestand natürlich auch aus Mitleid. Sie war eine tapfere Frau, aber ihr Schicksal war zu hart für sie. Ich hatte immer das Gefühl, ihr helfen zu müssen, obwohl meine jüngere Schwester mehr Zuwendung erfuhr. Wir beiden Schwestern lebten während des Bombenkrieges bei den Eltern in Schwabing. Meine Schwester war zeitlebens sehr schwierig, und ihr Verhalten war uns völlig unverständlich. Ihr Arzt sagte einmal über sie zu meinem Vater: „Das ist eine Seele, die zu früh auf die Welt gekommen ist." Ich weiß auch den Grund dafür, denn mein Vater hat es mir erzählt. In der Zeit, als meine Mutter ihren ersten Verehrer hatte, sei sie in diesen Mann sehr verliebt gewesen,

und Vater habe deshalb dafür gesorgt, daß sie wieder ein Kind bekam. Ich war über dieses Bekenntnis sehr schockiert, denn es war mir irgendwie klar, daß die Motive, unter denen diese Zeugung vollzogen worden war, die Ursache für den unglücklichen Seelenzustand meiner Schwester gewesen sein mußten.

Im Januar 1945 hatte ich wieder geheiratet, und mein Mann kam nach dem Zusammenbruch des Dritten Reichs in ein Kriegsgefangenenlager. Als meine Mutter damals einen Gehirnschlag erlitt, war ich mit meinem Sohn schwanger. Sie hatte sich sehr erregt wegen einer unpassenden Liebschaft meiner Schwester und ihres daraus resultierenden lieblosen Verhaltens meinen Eltern gegenüber. Seither war der Gesundheitszustand meiner Mutter sehr labil, obwohl sie sich von dem Schlaganfall ganz gut erholt hatte. Sie kaufte sogar noch ein und kümmerte sich um den Haushalt.

Ende 1945 kam mein Sohn auf die Welt, den meine Mutter immerhin noch fast ein Jahr erlebt hat. Mein Mann war inzwischen in ein Kriegsgefangenenlazarett nach Regensburg verlegt worden. Ich hatte gehofft, daß dieser Enkelsohn meiner Mutter etwas von ihren eigenen Söhnen ersetzen würde, aber sie war so sehr in ihrer Trauer gefangen und so abgefunden mit ihrem Schicksal, daß sie keine Beziehung mehr zu dem Kind fand. Sie war nicht mehr in der Lage, sich um ein Baby zu kümmern und es zu lieben. Eines Tages fuhr ich nach Regensburg, um meinem Mann unseren Sohn zu zeigen. Als ich wieder nach Hause kam, war meine Mutter tot.

Ich habe sie tot gesehen. Sie lag friedlich in ihrem Bett, und auf ihrem Gesicht lag der Ausdruck: „Ach – endlich erlöst".

Sie war im Gemüseladen, als ihr übel wurde. Sie kam heim, legte sich ins Bett und starb. Ein leichter Tod, im Beisein meines Vaters und meiner Schwester. Sie litt nicht, denn alles ihr zustehende Leiden hatte sie während ihres Lebens klaglos und schweigend schon erduldet. Erst die letzten 14 Tage ihres Lebens fing sie an, darüber zu sprechen, schälte sich langsam aus dem Korsett ihrer Contenance und bekam Vertrauen zu mir. Sicher war diese Befreiung ein auslösendes Moment, daß sie so schnell sterben konnte.

Ich war durch ihren Tod zutiefst getroffen, denn in diesen 14 Tagen waren wir uns erstmals wirklich nahegekommen. Ich hatte das Gefühl, sie wolle sich an mir festhalten, denn sie hatte sich

von meiner Schwester ab- und mir zugewandt. Zum ersten Mal. Ich hatte ein bißchen den Eindruck gehabt, sie nähme es uns Mädchen übel, daß wir noch lebten, während „die Buben" hatten sterben müssen, für nichts und wieder nichts. Vielleicht war sie sich aber solcher Gedanken gar nicht bewußt. Das nächste Kind in ihrer und meines Vaters Gunst nach den Söhnen war immer meine Schwester gewesen. Ein Vorfall, an den ich mich lebhaft erinnere, macht das deutlich: Meine Mutter war nach dem Tod ihrer Söhne sehr dünnhäutig und nervös. Meine Schwester nahm darauf aber nie Rücksicht und knallte weiterhin die Türen. Ich schrie: „Hau die Türen nicht immer so zu!" Darauf mein Vater: „Laß das Kind in Ruh'!" Worauf ich nur noch mit ihr schimpfte, wenn die Eltern nicht dabei waren.
Während der letzten 14 Tage ihres Lebens sprach meine Mutter mit mir auf einmal über meine Schwester und weshalb sie so unter ihrem Verhalten leide. Es entstand viel Nähe zwischen uns, und es war das erste Mal, daß sie sagte, was sie dachte und empfand. Ich hatte früher noch nie dieses Gefühl gehabt. Selbstbeherrschung und Konvention waren für sie wie eine zweite Haut. Dabei war sie menschlich korrekt, voller Mitgefühl und Hilfsbereitschaft und daher sehr beliebt und verehrt. Aber sie gab kaum je etwas von ihrem Inneren preis.
Darin bin ich ihr sehr ähnlich, in dieser Zurückhaltung, weil man denkt, es interessiert die anderen eigentlich doch nicht; und weil man daher auch nur über sich selbst redet, wenn man durch das Beispiel der eigenen Erfahrung anderen vielleicht ein bißchen helfen kann. Einmal hatte ich gedacht, ich sollte meinen Gefühlen freien Lauf lassen, und habe mich mit voller Absicht an der Brust meines Mannes ausweinen wollen. Das war, als unser zweites Kind starb. Er war anscheinend total geschockt darüber und klopfte mir ein paarmal mit der Hand auf den Rücken, so wie man es mit einem Hündchen machen würde. Ich stand natürlich gleich wieder auf, die Tränen versiegten sofort, und ich habe es nie mehr versucht. Das ist sicher die Scheu und der Stolz meiner Mutter: sich nur nichts vergeben! Sie und ich kamen vielleicht gerade deshalb sehr gut bei den Männern an, die im allgemeinen bei Gefühlsausbrüchen eher nervös werden. Und ich habe auch einen gewissen Familienstolz auf meine Abstammung, ebenso wie eine

Form von Unwissenheit in manchen Dingen und eine Naivität, die man schon als Dummheit bezeichnen kann. Auch physisch bin ich ihr sehr ähnlich. Zur Familie meines Vaters habe ich nicht dieselbe innere Verbindung wie zu meinen mütterlichen Ahnen.
Vor einigen Jahren hatte ich einen Herzinfarkt und lag auf der Intensivstation am Tropf und ziemlich ruhiggestellt im Dämmerschlaf. Ich spürte, daß ich dem Tod sehr nahe war. Im Zustand des Halb-Erwachens fühlte ich einige Male meine Mutter links ganz nahe neben mir. Ich wollte zu ihr sagen: „Schau, Mutti, jetzt habe ich einen Herzinfarkt!" Dieser Impuls dauerte nur einen winzigen Augenblick, bis ich ganz wach wurde. Ich fühlte sie aber so deutlich in meiner Nähe, als säße sie an meinem Bett. Seitdem bin ich mir sicher, daß wir von unseren Müttern abgeholt werden, wenn wir sterben.
Später hatte ich einmal bei einer Rückführung durch einen befreundeten Psychologen ein Bild vor mir: Mein Vater stieg voraus, eine steile Geröllhalde hinauf, er trug einen Rucksack auf dem Rücken, hinter ihm meine Mutter, die in eleganten Lackschuhen mühsam hinter ihm herging. Ich habe von beiden nur die Beine gesehen bis zum Rücken. Da erkannte ich endlich, daß genau so ihr Leben gewesen war, viel zu schwer für sie, weil sie klaglos, würdevoll und ergeben alles hinnahm, was durch die Ehe mit meinem Vater zu ihrem Schicksal wurde. Die Konvention lautete: Die Frau hat dem Mann zu gehorchen.

Sie starb am Tag ihres Umzugs ins Altersheim

Helga L. (54), Hausfrau

Meine Mutter war es von klein auf gewohnt, im Mittelpunkt zu stehen. Sie war sehr hübsch und das umhätschelte Nesthäkchen im Kreis von vier Geschwistern, was ihren Egoismus sicher

gefördert hat. Sie war der Liebling des Vaters und spielte die Prinzessin, während die anderen Geschwister in seinem Geschäft mitarbeiten mußten. Bis ins Alter haben ihre Geschwister ihre Zornesausbrüche gefürchtet, wenn sie einmal nicht sofort bekam, was sie sich in den Kopf gesetzt hatte. Sie war ein ungeheuer lebenslustiger Mensch, überhaupt nicht zu bremsen. Die Ehe meiner Eltern war sehr harmonisch, weil mein Vater kuschte und sie ihre gewohnte Rolle als Prinzessin beibehalten konnte. Er besaß ein Transportunternehmen und konnte ihr auch materiell ein angenehmes Leben bieten.
Aus meinen ersten Lebensjahren habe ich wenig Erinnerungen an sie, denn ich war meistens bei der Oma, die in derselben Kleinstadt am Rhein lebte wie wir. Ich hatte eine Zwillingsschwester, aber sie starb vier Monate nach der Geburt. Meine erwachsenen Kinder sind ebenfalls ein Zwillingspärchen. Bei unserer Geburt war unsere Mutter lebensgefährlich erkrankt, sie bekam eine Infektion, was im Jahre 1940, also mitten im Krieg, keine Seltenheit war. Sie verbrachte lange Monate im Krankenhaus und war seither gesundheitlich angeknackst.
Sie benutzte das Handicap der ständigen Venenentzündungen, Thrombosen und offenen Beine allerdings als Druckmittel und konnte nach Bedarf krank werden oder auf Kommando weinen. Zum Beispiel, wenn sie keine Lust zum Bügeln hatte. Irgend jemand aus ihrem großen, rheinländischen Clan sprang immer für sie in die Bresche. Ab 40 entwickelte sie familienbedingt auch noch Epilepsie und hatte von da an meinen weichherzigen Vater mit ihren Anfällen völlig in der Hand.
Als ich heranwuchs und mich hervorragend mit meinem Vater verstand, hat sie mich plötzlich als Konkurrenz betrachtet. Das hielt an, bis mein Vater gestorben war. Sie überlebte ihn noch um sieben Jahre. Sie war sogar auf meine Kinder eifersüchtig, weil er sich auf sie freute, wenn wir zu Besuch kamen. Sie legte sich dann einfach ins Bett und „fühlte sich schlecht“, wenn die Enkel kamen. Man nahm schließlich gar nicht mehr richtig wahr, ob sie wirklich krank war oder nicht. Mein Vater liebte meine Mutter sehr, lebte aber in ihrer Gegenwart ständig in Hochspannung.
Ich war in der Zeit zwischen 12 und 15 pubertätsbedingt übersensibel, und es gab öfter Reibereien. Wenn ihr etwas nicht paßte,

lamentierte sie: „So, jetzt geh ich ins Wasser“, und rannte in Richtung Rhein, der nicht weit von unserer Straße vorbeifloß. Mein Vater pflegte dann in Panik hinterherzurennen, obgleich ich ihm sagte, daß sie das nicht ernst meinte.
Mein Vater starb am 28. November 1986. Am 27. November rief er mich an und sagte: „Ich würde gern Weihnachten bei euch verbringen. Ich komme allein, denn ich kann nicht mehr. Ich muß weg. Sie sagt andauernd, daß sie Weihnachten nicht mehr erlebt.“ Am nächsten Tag war er tot.
Er schien sie nicht richtig zu kennen. Denn sie war ständig am Sterben. Dabei rannte sie zu jedem Faschingsball und schwebte wie ein Vogel über das Tanzparkett. Nur einen hat sie ihr Leben lang niemals tyrannisiert: ihren Bruder. Den liebte sie sehr, weil er ihr sehr ähnlich war.
Sie hat meine Kinder auf ihre Weise sehr gemocht. Aber sie strahlte keine Wärme aus und wollte sie ständig abbusseln und umarmen. Sie haßten das. Mir ging es ähnlich: Wenn sie uns besuchte, kam sie mit ausgestreckten Armen auf mich zu. Da habe ich schon die Haare aufgestellt und die Umarmung irgendwie umgangen.
Sie konnte äußerst energisch sein. Wenn ich bei meinem Eltern war, hat sie mich noch mit 40 sonntags in aller Frühe aus dem Bett geholt und mich in die Kirche gejagt. Sie selbst blieb natürlich zu Hause, denn sie hatte ja „die wehen Beine“. Wenn ich aus war, kam sie um 11 Uhr im Lokal an und schleppte mich heim, nicht ohne mich darauf hinzuweisen, daß ich ja „verheiratet und mein Mann nicht da“ sei und sie auf mich aufpassen müsse. Und ich bin brav mitgetrottet.
Als mein Vater starb, dachte ich als erstes: „Um Gottes willen, wie wird sie sich jetzt in Szene setzen. Was wird sie für ein Theaterstück aufführen.“ Aber sie war ganz ruhig und gefaßt.
Wir waren sehr erstaunt, denn auch meine Kinder hatten vor der Beerdigung gefragt: „Macht die Oma jetzt Theater?“ Seine Beisetzung war nach rheinischem, katholischem Brauch pompös. Ich stützte Mutti, und sie machte, sogar als die Erdbrocken auf den Sarg rumpelten, keinen Mucks. Es waren ungeheuer viele Leute da, und ich flüsterte ihr forwährend zu: „Denen bieten wir kein Schauspiel.“

Danach weigerte sie sich, ihr Haus noch einmal zu betreten. Ich nahm sie sofort nach der Beerdigung mit zu uns. Sie sagte immer wieder, daß sie solches Heimweh hätte. Also haben ihre Geschwister in der Heimatstadt folgsam ein Appartment für sie gesucht. Sie war damals 68 und hatte immer noch alle fest im Griff. Als die Wohnung fertig war, wollte sie nicht mehr hin. Sie schlief also weiterhin bei uns im Wohnzimmer und ging gegen 19 Uhr ins Bett. Unser abendliches Familienleben war somit ziemlich blockiert. Es war wirklich schwer, sie zum Zurückgehen zu bewegen, aber schließlich zog sie um und lebte drei Jahre lang in dieser Wohnung. Sie jammerte ständig am Telefon und verlangte nach mir. Also raste ich hin. Besonders als ihre Durchblutungsstörungen in den Beinen tatsächlich schlimmer wurden. Ich war sieben Stunden unterwegs, fuhr aber dennoch dreimal in 14 Tagen zu ihr. Die Ärzte rieten dringend zu einer Amputation des rechten Beines, aber sie verweigerte ihre Einwilligung über ein halbes Jahr, bis das Bein schon dunkelblau und abgestorben war. Pfingsten bekam sie ein Infektionsfieber und erkannte mich nicht mehr. Da wurde sie wegen Lebensgefahr ohne Einwilligung sofort operiert.
Ich hatte nach der Amputation große Angst, zu ihr zu gehen. Wie würde sie auf ihre theatralische Art reagieren? Sie war eine sehr schöne Frau gewesen, und die Verstümmelung hat sie schwer treffen müssen. Ich habe in dieser Zeit zwei Magengeschwüre entwickelt. Aber ich hatte mich wieder einmal in ihr getäuscht. Seit der Amputation war sie völlig verändert. Sie war nett, fröhlich, saß gepflegt und verträglich im Bett. Das fehlende Bein hat sie kein einziges Mal erwähnt. Es war für sie völlig tabu. Wenn sie das Thema ansprach, deutete sie nur auf die Stelle, wo es gewesen war.
Als Patientin war sie sehr tapfer. Wenn ich bedenke, wie viele Male meine Kinder und ich ihre offenen Beine ansehen hatten müssen. Sie hat sie einfach ausgewickelt und hergezeigt. Damit war seit der Amputation Schluß. Sie schien wie befreit. Vielleicht weil das, was sie so lange gefürchtet hatte, nun geschehen war.
Von Anfang an ging sie davon aus, daß sie nach dem Krankenhaus zu mir käme und auch dableiben könne. Sie sagte: „Ich gehe nicht in ein Heim, ich will nicht abgeschoben werden." Ich hingegen habe von Anfang an betont, daß ich einen Heimplatz suche. Wahr-

scheinlich hat sie mich aber nicht ernst genommen. Sie lebte also wieder in unserem Wohnzimmer, diesmal im Rollstuhl.
Sie war ein schwerer Pflegefall, mit Krankenbett und Nachtstuhl, und ich mußte ihr bei allem helfen. Sie mußte mit ihrer Beinprothese erst wieder mühsam gehen lernen. Sie wusch sich jeden Tag in einer Schüssel in der Küche von Kopf bis Fuß. Das fand ich im Grunde gut, aber es dauerte eine Stunde. Sie konnte nicht ins Bad, denn da waren die Fliesen zu glatt. Ich mußte mehrmals täglich den Clostuhl ausleeren, es wurde mir jedesmal schlecht. Der rote Rollstuhl stand im Flur herum. Sie hatte das ganze Haus fest im Griff.
Meine erwachsenen Kinder meckerten langsam, daß sie endlich wieder normal leben wollten. Mein Mann meckerte auch. Hinzu kam, daß wir damals in einer schweren Ehekrise steckten. Am schlimmsten waren die Wochenenden, weil meine Mutter beinahe das ganze Ergeschoß unseres Hauses, das im Bugalowstil offen und luftig gebaut ist, in Anspruch nahm. Ich suchte verzweifelt nach einem Heimplatz, wurde immer wieder vertröstet. Andererseits war Mutti seit der Amputaion ausgesprochen dankbar und nett. Sie hatte sich sehr verändert, nahm plötzlich Anteil an anderen Menschen, an den Kindern. Sorgte sich um meine Tochter, weil sie hustete. Sie schien sehr zufrieden. Seit sie nicht mehr überall herumlaufen konnte, hatte sie gelernt, fernzusehen. Sie nahm dadurch noch Anteil an der Welt, sah sich drei Stunden lang die rheinischen Faschingsumzüge an. So lebte sie neun Monate in unserem Haus.
Dann war plötzlich der Heimplatz da. Nur vier Kilometer von uns entfernt. Es war Februar. Sie wirkte gefaßt, rief ihre Schwester an und erzählte ihr, daß sie zur Probe eine Woche ins Heim gehe. Wir richteten ihr Zimmer nagelneu ein, und die Wochen verliefen ungetrübt.
Aber als der endgültige Tag des Umzugs kam, hatte sie in der Nacht plötzlich Durchfall. Der Nachtstuhl fiel um, ich war am Ende meiner Kräfte. Sie bat mich: „Bitte, laß mich noch eine Nacht hier. Bitte erst morgen.“ Das macht mir immer noch schwer zu schaffen. Ich versuchte sie zu beruhigen, sagte ihr, daß ich doch mit rüberführe, abends wiederkäme. Sie bat weiter darum, bleiben zu dürfen, weil ihr so schlecht sei.
Aber gegen 17 Uhr saß sie auf einmal fertig angezogen in ihrem

Rollstuhl und sagte ganz ruhig: „Wir können fahren.“ Ich war erleichert und fuhr mit ihr ins Heim. Im Zimmer angekommen, zeigte ich ihr die Aussicht. Sie wirkte desinteressiert, irgendwie resigniert. „Ich bin müde, bitte geh jetzt“, sagte sie knapp.
Als ich abends nach ihr schaute, lag sie im Bett und sah mich mit großen Augen an. Die Schwester sagte vorwurfsvoll: „Sie hat ins Bett gemacht!“ Ich war erschrocken, denn das war bisher noch nie vorgekommen und teilte das der Schwester mit. Die meinte: „Das sagen alle Angehörigen, daß die Alten rüstig sind, und dann haben wir hier die Sauerei.“
Meine Mutter wirkte irgendwie abwesend und sagte mit leiser Stimme: „Morgen wird schönes Wetter . . . Ich bin so müde . . . Ja, ja, so ist das Leben . . .“, seufzte schwer und rollte sich auf die Seite, mit den Armen vor dem Gesicht.
In dieser Haltung hat man sie am 3. März beim Nachschauen nachts um 2 Uhr tot gefunden . . .
Um 8 Uhr früh kam der Anruf, daß meine Mutter tot sei. Der Tod sei gegen 24 Uhr 20 eingetreten. Die Heimleitung sei fassungslos, so etwas wäre am ersten Tag noch nie passiert. Für mich war dieser Anruf ein ungeheuerer Hammer. Hätte ich sie doch bei mir gelassen, war das einzige, was ich denken konnte. Meine Schuldgefühle drückten mich beinahe zu Boden. Dennoch mußte ich hinfahren. „So, und nun können Sie sich noch von Ihrer Mutter verabschieden“, sagte jemand und wollte mich zu ihr bringen. Aber ich riß mich los und rannte hinunter. Vom Auto aus habe ich dann zugesehen, wie der Leichenwagen kam und meine Mutter im Sarg abtransportiert wurde. Ich glaube, ich wollte mich damit bestrafen. Danach waren die Formalitäten und die Beerdigung im Rheinland mitten im Fasching, den sie so liebte, zu organisieren. Die Anteilnahme in ihrer kleinen Heimatstadt war überwältigend.
Genau einen Monat nach ihrem Tod, sogar zur selben Zeit, brach ich mir am 3. April um 24 Uhr 20 im Keller meines Hauses das rechte Bein. Meiner Mutter war das rechte Bein amputiert worden. Ich hatte meine Familie übers Wochenende zum Sporteln geschickt, weil ich ihre Sachen wegräumen wollte. Unser Wohnzimmer war seit Mutters Tod abgeschlossen gewesen, weil ich den Anblick nicht ertragen konnte. Ich stürzte so schwer, daß auch meine rechte Hand angebrochen war. Meiner Mutter hatten an der rechten Hand zwei

Finger gefehlt, weil sie damit während eines epileptischen Anfalls einmal auf eine heiße Herdplatte gefallen war.
Ich lag drei Tage lang hilflos im Keller, war wohl auf einer feuchten Fliese ausgerutscht. Ich war unfähig, mir zu helfen, und hungerte und dürstete, bis meine Familie zurückkam und mich fand.
Immer wieder wurde ich ohnmächtig. Ich lag mitten zwischen den Kisten und Schachteln mit den persönlichen Dingen meiner Mutter. Eine Kiste mit ihrer Wäsche, eine Schachtel mit ihren alten Fotos und direkt vor meinen Augen drei linke Schuhe!
Ich habe damals Buße getan und gewußt, daß das die Strafe war dafür, sie nicht bei mir behalten zu haben.
Genau vier Wochen nach ihrer Beerdigung, die am 10. März war, wurde mein dreifacher Bruch des Knöchels am 10. April operiert. In der Klinik erreichte mich die ganze Beileidspost. Ich träumte immer wieder von ihrem roten Rollstuhl, den ich kurz nach ihrem Tod zusammengeschnürt mit dem Gehwagen zum Ostbahnhof brachte, um ihn der Krankenkasse per Bahnfracht zurückzuerstatten. Ich werde dieses Traumbild auch heute noch nicht los: die beiden einsamen Rollgefährte gegen den Himmel am Bahngleis.
Nun saß ich selbst im Rollstuhl und tat weiter Buße. Ich spürte am eigenen Leibe, wie es ist, auf fremde Hilfe und Geduld angewiesen zu sein. Einmal sah ich mein Spiegelbild in der großen Scheibe unseres Wohnzimmers, in dem sie zuletzt gelebt hatte. Ich war zutiefst erschrocken, denn ich hielt mich einen Moment lang für meine Mutter. Ich glaube, daß da eine dämonische Kraft von ihr ausging, die nicht von mir abließ.
Ich habe meine Schuldgefühle bis heute nicht überwunden. Ich habe es nie über mich gebracht, Mutti zu baden oder ihre Unterwäsche gemeinsam mit unserer zu waschen. Bei schönem Wetter denke ich oft, jetzt könnte sie im Garten sitzen.
Merkwürdigerweise wurde erst nach ihrer Beerdigung der Tod meines Vaters, den ich offenbar nicht anerkannt hatte, für mich Realität.
Ich bin davon überzeugt, daß nach dem Tod noch etwas ist, aber ich habe Angst vor dieser unbekannten Welt. Es gibt Tage, da gehe ich ins Wohnzimmer, habe das Gefühl, Mutti ist noch da, und spreche mit ihr. Ich habe bestimmt einen Draht zu diesen Dingen, denn ich habe einmal im Halbschlaf meinen Vater aus einem hellen

Licht erscheinen sehen und gewußt, daß er tot war, als das Telefon klingelte. Auch den Infarkt meines Mannes habe ich vorausgeahnt. Am hellichten Nachmittag im Urlaub hatte ich einmal die lichtumflutete Erscheinung meines verstorbenen Schwiegervaters, der mir übers Haar strich und sagte: „Es geht mir ganz gut."
Und meine Mutter läßt mich immer noch nicht los: Genau am Jahrestag ihres Todes, am 3. März, wurde ich operiert, um die Nägel in meinem Knöchel zu entfernen. Ich habe um einen anderen Termin gekämpft, aber der Professor bestand darauf, weil er dann sechs Wochen im Urlaub war . . .

Es müßte einen Weg geben, solches Leiden zu beenden

Maria L. (44), Unternehmerin

Als meine Mutter an Krebs starb, war ich 28 und gerade im Aufbau meines Betriebes. Nachdem man bei ihr eine Brust amputiert hatte, sagten die Ärzte mir, daß sie nur noch drei Monate zu leben hätte. Das sagten sie nur mir, sonst niemandem. Ihr nicht, meinen Brüdern nicht und meinem Vater auch nicht.
Meine Mutter hat aber noch fünf Jahre gelebt, bis sie mit 67 unter furchtbaren Leiden zugrunde ging.
In diesen Jahren mußte ich immer damit rechnen, daß nun das Ende käme. Ich habe das als schwere Last empfunden, die ich mit niemandem teilen durfte. Wenn sie einmal hustete, habe ich gleich an Lungenmetastasen gedacht, bei Bauchweh an Lebermetastasen. Die Ärzte hatten mir gesagt, wenn sie auch nur einen Funken Ahnung davon bekäme, wie es um sie stand, wäre dies ihr sofortiges Todesurteil. Ich durfte mir absolut nichts anmerken lassen.
Ihr wurde gesagt, sie sei durch die Operation geheilt. Das war damals vor 16 Jahren noch so. Heute sagt man den Patienten weitgehend die Wahrheit über ihren Zustand.

Im letzten Jahr, bevor das Endstadium eintrat, ging es meiner Mutter aber so schlecht, daß ihr immer klarer wurde, eben nicht geheilt worden zu sein. Sie bekam Schmerzanfälle, hatte Metastasen im Bauchraum und in den Knochen. Ihr Bauch war zum Schluß ganz hart.
Ich hatte ein sehr inniges Verhältnis zu meiner Mutter. Ich habe zwei wesentlich ältere Brüder, war also das einzige Mädchen und das Nesthäkchen in einem. Meine Brüder waren zehn und elf Jahre älter als ich. Meine Mutter war immer berufstätig, als Sekretärin in einem Anwaltsbüro, war als einzige der Familie immer gesund und war ein sehr fröhlicher, positiver, energischer Mensch. Ich habe mich bei ihr absolut aufgehoben gefühlt, obwohl sie keine Mutter war, die den ganzen Tag zu Hause war. Nach der Schule fuhr ich oft zu ihr ins Büro und habe dort Hausaufgaben gemacht. Sie mußte aus finanziellen Gründen arbeiten, aber sie hat es auch gern getan. Außerdem konnten meine zwei Brüder auf mich aufpassen. Mein Vater war städtischer Angestellter, und ich glaube, daß die beiden sich gut verstanden haben.
Meine Mutter war eine Kämpfernatur, die eigentlich für diese Krankheit gar nicht prädestiniert zu sein schien. Sie arbeitete lange ganztags und fing, als ich in die Lehre ging, nochmals an zu arbeiten, damit sie eine Beschäftigung hatte. Sie war wirklich lebenstüchtig.
Ihre Krankheit hat sie deshalb um so mehr schockiert. Vor allem das Abnehmen der Brust hat sie sehr mitgenommen. Sie war etwas über 60, als sie krank wurde, und kam mir damals keineswegs alt vor. Sie hatte überhaupt kein Problem mit dem Altern oder mit den Wechseljahren. Jedenfalls hat sie nie etwas verlauten lassen. Sie jammerte nie und war eigentlich unkompliziert. Sie hatte auch keinen Grund zum Jammern, denn ihr Leben verlief harmonisch. Über meine Scheidung war sie allerdings vor allem wegen meines kleinen Sohnes sehr unglücklich. Aber auch das hat sie gemeistert, tröstete mich schließlich und meinte: „Packen wir's an, das wird schon wieder." Sie mochte meinen Mann trotz der Hintergründe unserer Trennung. Auch nach der Scheidung. Als ich wieder arbeiten gehen mußte, hat sie meinen Sohn beaufsichtigt. Sie war eine sehr gute Oma, keine zu nachgiebige.
Als es mit ihr im letzten Jahr abwärts ging, hat sie lange geglaubt,

es doch noch zu packen. Offiziell war ja auch nie von Krebsmetastasen die Rede, und sie hat auch nie direkt danach gefragt. Erst zwei, drei Wochen vor ihrem Tod war es klar, daß sie sterben würde. Sie hat ihre eigene Beerdigung geregelt, als sie schon bettlägerig war. Ich war sehr viel bei ihr, und sie sagte mir, ich solle jetzt nicht traurig sein, aber es sei wichtig für sie, diese Dinge selbst zu organisieren. Sie wollte ursprünglich ein Mauergrab für ihre Urne, hat dann aber auf Wunsch meines Vaters den Kauf eines Erd-Urnengrabes veranlaßt. Sie war bei diesem Gespräch sehr gefaßt. Mehr wurde zwischen uns über den Tod nicht gesprochen. Bis eine Stunde vor ihrem Tod war sie zu Hause, wurde dann aber wegen eines ungeheuer schmerzhaften Darmverschlusses vom Notarzt in die Klinik eingeliefert und starb dort eine Stunde später. Eigentlich war es ihr Wunsch gewesen, zu Hause zu sterben. Das hatte sie klar gesagt.
Für meine Mutter war der Tod schließlich eine Erlösung. Sie hatte furchtbare Schmerzen und bekam hohe Dosen Morphium. Mein Vater pflegte sie mit meiner Hilfe und der von zwei Tanten. Als sie am Ende den Darmverschluß hatte, mußte der Notarzt nachts zwei- oder dreimal kommen, weil sie rasende Schmerzen hatte. Er meinte schließlich, daß es nun nicht mehr ginge und daß sie in eine Klinik müsse. Dort ist sie kurz darauf gestorben. Sie war bis zum Ende bei sich. Es war niemand bei ihr.
Ich habe sie am Vortag zuletzt gesehen. Sie sagte, sie wolle nicht mehr leben. Sie wäre so traurig, daß sie nicht sterben kann, und hielte das nicht mehr aus. Sie hat sogar zwei Wochen vor ihrem Tod selbst versucht, ihrem Leben ein Ende zu setzen. Sie hat heimlich Tabletten gesammelt, sie geschluckt, aber dann nicht bei sich behalten. Das hat sie mir danach gesagt. Sie hatte in ihrem Zustand tatsächlich noch die Kraft, einen Selbstmordversuch zu unternehmen. Aber das Schicksal hat ihr das nicht gegönnt. Sie mußte sogar noch einen Transport in die Klinik ertragen.
Sie hat den Versuch, ihr Leiden zu beenden, ganz allein mit sich ausgemacht. Diese Energie ist bewunderswert. Sie hat diesen Schritt auch niemand anderem aufbürden wollen.
Ich habe meine Mutter nicht mehr tot gesehen. Mein Vater hatte mir verschwiegen, daß sie nachts ins Krankenhaus eingeliefert wurde, weil er Angst hatte, daß ich auf der Fahrt dorthin einen

Unfall bauen würde. Vielleicht war der Schock, daß sie ins Krankenhaus kam, für meine Mutter so groß, daß sie gestorben ist. Natürlich frage ich mich, warum es da nicht eine andere, menschlichere Lösung gibt, das Leiden eines Menschen zu Hause zu beenden.

Einen Abschied hat es zwischen meiner Mutter und mir trotz der Umstände ihres Todes gegeben: Sie hat sich die letzten Tage nach jedem meiner täglichen Besuche so von mir verabschiedet, als wenn es ein Abschied für immer wäre. Sie hat dabei aber niemals geweint, denn es war ihr sehnlichster Wunsch, endlich sterben zu können und Ruhe vor diesen entsetzlichen Schmerzen zu finden.

Ihre Beerdingung war furchtbar für mich. Obwohl ich wußte, daß es für sie eine Erlösung gewesen war, war für mich meine Mutter, dieser Mensch, zunächst einfach weg.

Sie war nicht sehr religiös und hat am Ende eher mit ihrem Schicksal, nicht sterben zu können, gehadert. Für mich lebt meine Mutter weiter, aber in mir, sonst nicht. Sie gibt mir Kraft. Wenn ich an sie denke, nehme ich sehr viel Energie von ihr auf. Je älter ich werde, desto mehr. Auch anfangs, als sie tot war, habe ich oft mit ihr geredet, wenn ich vor Problemen stand, und sie gefragt, wie sie das wohl entscheiden würde. Ich habe von ihr Energie bekommen, Schwierigkeiten zu meistern. Aber ein Weiterleben in einer anderen Form kann ich mir schlecht vorstellen, obwohl vielleicht eine stille Hoffnung besteht.

Sie ist nicht weit weg. Ich kann mit ihrem Grab überhaupt nichts anfangen. Ich habe sie mehr bei mir.

Ihr Rat fehlt mir am meisten und die Gelegenheit, sich vorbehaltlos mitteilen zu können. Und fürs Kind fehlt die Oma. Eine Mutter ist wohl der einzige Mensch, der sich für einen aufopfern würde. Man kann niemandem so sehr vertrauen wie einer Mutter.

Ich möchte nicht so sterben, wie meine Mutter gestorben ist. Ich würde auf jeden Fall helfen, wenn man die Möglichkeit hätte. Ich finde es zum Beispiel total verrückt, Menschen am Schluß noch an Maschinen zu hängen. Bei meiner Mutter bestand dagegen das Problem, daß sie noch lange Hoffnung hatte und sich zum Sterben auch noch viel zu jung fühlte. Es wäre sehr schwierig gewesen, den Zeitpunkt festzustellen, ab dem sie nicht mehr leben wollte. Die letzten 14 Tage hätte man ihr aber mit Sicherheit erspart, wenn

man die Möglichkeit gehabt hätte. Sie hat es ja selbst versucht und sagte dann, sie hätte es schon früher machen sollen.
Man hätte heute in Sterbe-Hospizen die Möglichkeit, schmerzfrei die letzten Tage zu verbringen. Das finde ich nach den Erfahrungen mit meiner Mutter ungeheuer wichtig. Ich beschäftige mich nicht viel mit dem Tod, aber wenn ich einmal soweit bin, würde ich auch in solch ein Hospiz gehen. Schon um meinem Sohn mein Ende zu ersparen.
Ich fand es weder für meine Mutter noch für meinen Vater, meine Brüder oder mich gut, wie sehr sie zu Hause noch leiden mußte. Es war eine riesige Belastung für uns alle. Dieses schwere Ende muß heute nicht mehr sein. Das war damals nicht anders möglich. Alle sagen, ich würde meiner Mutter immer ähnlicher werden. In meiner Energie, was ich alles auf die Beine stelle, wie ich die Dinge anpacke. Sie war sehr diesseitig, und ich denke nicht, daß sie an ihr Weiterleben nach dem Tod geglaubt hat. Sie wollte nur, daß sie endlich nichts mehr spürt und endlich nicht mehr leidet. Ich bedauere sehr, daß ich nicht bei ihr war, als sie starb. Aber der Zeitpunkt war nicht zu erahnen. Ich bedauere aber nicht, sie nicht mehr tot gesehen zu haben. Ich wollte sie so in Erinnerung behalten, wie sie war. Sie ist als Tote nicht mehr sie selbst. Ich habe noch nie einen Angehörigen tot gesehen und würde auch nicht wollen, daß mich mein Sohn sieht. Dieses Bild überlagert dann alles andere.
Mir wäre es lieber gewesen, wenn mich mein Vater nicht mit dem Ende meiner Mutter verschont hätte. Es wäre für mich leichter, wenn ich ihr beim Sterben hätte helfen können.

Ihr Leben verlosch ganz unmerklich

Friederike M. (53), Tonmeister

Meine Mutter ist im September 1992 kurz vor ihrem 85. Geburtstag gestorben. Sie war die Frau eines Geschäftsmannes, der bis in die sechziger Jahre bis zu 20 Angestellte beschäftigte. Meine

Mutter hat immer mitgearbeitet und noch meine beiden Brüder und mich, Nesthäkchen und einzige Tochter, großgezogen. Sie war äußerst beweglich, interessiert und zielstrebig und hat sich vor allem für uns drei Kinder, oft gegen die Intentionen unseres konservativeren Vaters, eingesetzt, so daß besonders ich trotz des Krieges eine glückliche Kindheit verlebte. Ich liebte sie sehr, litt bei Trennungen unter schrecklichem Heimweh, während sie meine Anhänglichkeit genoß.

Im Umfeld außerhalb der Familie war meine Mutter jedoch nicht sehr beliebt. Sie wirkte irgendwie verschlossen, und man wußte manchmal nicht so recht, woran man bei ihr war. Das bewirkte auch bei mir oft ein undefinierbares Unbehagen. Sie war wohl trotz ihrer Familie und des Wohlstandes, der sie umgab, unbewußt mit ihrem Leben unzufrieden. Sie hatte ursprünglich Musik studieren wollen, mußte darauf aber verzichten, weil mein Großvater bei der Inflation sein ganzes Geld verloren hatte. Schließlich sah sie wohl in mir die Möglichkeit, sich mit ihrem Schicksal auszusöhnen. Denn sie kämpfte stets dafür, daß ich genau das machen konnte, was ich wollte. Ich bekam wirklich alles geboten: Klavier- und Flötenunterricht, Gymnastik, Reiten, Tennis, Theatergruppe – die Woche war voll.

Meinen Beruf als Tonmeister, der damals für Frauen noch ganz unüblich war, entdeckte sie in einem Zeitungsbericht. Ich hatte gerade Abitur gemacht und wollte halbherzig Germanistik studieren. Deshalb fand auch ich ihren Vorschlag sehr attraktiv.

Meine Mutter strahlte wenig Wärme, hingegen oft eine ihr wahrscheinlich unbewußte Unzufriedenheit aus. Das hat bei uns allen Schuldgefühle erweckt. Auf der anderen Seite konnte sie bei Festen ungeheuer lustig sein, herumtanzen und singen. Aber ihr alltägliches Verhalten war eher kühl.

Sie hat alle familiären Angelegenheiten gut organisiert, so daß sie sich ungehindert dem Geschäft widmen konnte und trotzdem jeder von uns auf seine Kosten kam. Außerdem hatten wir immer eine Hausgehilfin, die auch bei uns wohnte.

Im Geschäft war Mutter ausgesprochen gern. Sie liebte es, unter Menschen zu sein, und schätzte sicher auch ihre Macht über die Angestellten, wobei sie selber keine direkte Verantwortung zu tragen hatte. Für kaufmännisch-technische Abläufe hat sie sich

aber nicht interessiert und war nach dem Tod meines Vaters z. B. nicht in der Lage, Scheck- oder Überweisungsformulare auszufüllen, was sie aber weiter nicht bekümmerte.
Mein Vater war charakterlich äußerst integer, aber er besaß nicht die Cleverneß des geborenen Geschäftsmannes. Er bezeichnete sich als „Königlichen Kaufmann". Als er aus dem Krieg zurückkam, lag sein Geschäft in Trümmern. Er baute es mit Hilfe meiner Brüder eigenhändig auf und kam in relativ kurzer Zeit zu beachtlichem Wohlstand, an dem er uns Kinder immer mit dem richtigen Augenmaß teilnehmen ließ.
Mit 20 Jahren verließ ich Bielefeld und ging nach Hamburg, da die Aufnahmeprüfung für die tontechnische Ausbildung bereits absolviert war und mein Vater mir großzügig angeboten hatte, während der verbleibenden Zeit das Philologiestudium kennenzulernen. Leider verletzte ich mich kurz nach Beginn, mußte nach Hause zurück und arbeitete für den Rest der Zeit bei einer Bielefelder Tageszeitung in der Lokalredaktion.
Als man mir dort ein Volontariat anbot, lehnte ich ab, denn ich wollte auf jeden Fall weg von zu Hause. Und da ich in meinem Fortstreben von meinen Eltern nie behindert wurde, stand dem Beginn der Ausbildung in Nürnberg nichts mehr im Wege.
Meine Mutter hat sich damals nie an mich geklammert. Sie hat mein Leben sehr pragmatisch gelenkt und erkannt, daß ihr Opfer meine Verwirklichung bedeutete, mit der sie sich voll identifizierte. Bis zu diesem Zeitpunkt gab es keine Kollisionen zwischen uns, denn unsere Interessen liefen fast immer in einer Richtung. Je größer aber die Distanz von daheim und je eindeutiger das Setzen meiner eigenen Schwerpunkte wurde, desto mehr nahm ich wahr, daß der Hauptimpuls meiner Mutter ihre eigenen Wichtigkeiten und Befriedigungen war. Ein leicht groteskes Beispiel mag dies verdeutlichen. Beim Anruf meines Mannes – wir waren jung verheiratet – mit der Information, ich hätte mir das Bein gebrochen, kam als erste Reaktion ihr Ausruf: „Was ihr mir antut!" Sie bewertete alle unangenehmen Ereignisse unter dem Aspekt ihres Leidensdruckes. Nicht die Sache war schlimm, sondern ihr Schmerz. Sie bemerkte nicht, daß sie damit ihre Egozentrik preisgab. Sie nahm sich selbst, wie wir es alle mehr oder weniger tun, am wichtigsten, war sich jedoch dessen nicht bewußt und wollte

unter allen Umständen ein guter Mensch sein. Dieser Wesenszug war mir fremd und lästig. Deshalb habe ich die negativen Dinge meines Lebensbereiches immer von ihr ferngehalten, was wiederum dazu führte, daß sie unser Leben für völlig problemlos hielt. Sicher war es mein Fehler, daß ich sie nie zu Auseinandersetzungen gezwungen habe. Das bedauere ich heute. Widerspruch und konstruktive Kritik erfuhr sie selten, aber auch keine Anerkennung und Unterstützung. Zweisamkeit und Offenheit, wie ich sie in meiner Ehe kenne, hat sie sicher nie erlebt. Sie hat zwar später immer wieder ihre Sehnsucht danach ausgedrückt, brach aber bei den kleinsten „Zumutungen" völlig zusammen.

Meine Mutter hat mit 30 Jahren ihre Mutter verloren. Sie fühlte sich ihrem Bruder gegenüber immer benachteiligt, hat darüber aber erst in den letzten Jahren gesprochen. Sie selber sah sich sicher als gute Mutter, Schwiegermutter und Oma. Der Begriff „Familie" hatte für sie magischen Wert. Sie wünschte sich nichts sehnlicher, als Zentrum und anziehender Pol zu sein. Daß sie ihr Leben lang vergeblich auf liebevolle Rückmeldungen gewartet hat und nicht in der Lage war, die Ursachen vor allem auch bei sich und ihrer Unfähigkeit zur Selbstwahrnehmung zu erkennen, ist für mich die Tragödie ihres Lebens.

An einem Heiligen Abend starb mein Vater 73jährig an einem Herzinfarkt. Meine Mutter hat seinen plötzlichen Tod unglaublich gefaßt getragen und bald darauf ihr Leben noch einmal mit Elan in die Hand genommen. Sie intensivierte den Kontakt mit der Mieterin, die das Obergeschoß ihres Hauses bewohnte: meine ehemalige Deutschlehrerin, mit der sie Themen wie Politik und Literatur verbanden. Meine Mutter, die „Bild"-Leser verachtete und „FAZ" las, war spontan und informationshungrig, während Frau Doktor ihre Lehrerrolle genoß – eine köstliche Symbiose. Trotzdem waren die Berichte meiner Mutter über diese Zusammenkünfte so wie über ihre gesamten anderen Aktivitäten immer stark negativ geprägt. Mich hat das sehr genervt, und der Gedanke, daß sie damit unbewußt signalisieren wollte, wie einsam sie sich fühlte und wie gern sie bei uns wäre, war mir sehr unangenehm.

Daß ich nach dem Tod meines Vaters jedes Jahr eine Woche mit ihr nach Italien fuhr, war mehr als nur Pflicht: Ich liebe Italien über alles, und sie hat meine Aktivitäten und vor allem meine

Gegenwart unendlich und dankbar genossen. Aber ich kam jedesmal erschöpft und urlaubsreif zurück.
Als nach weiteren fünf Jahren mein zweitältester Bruder starb, an dem sie ganz besonders hing, geriet sie in eine tiefe psychische Krise, die die beschriebenen Symptome verstärkte und mich in immer heftigere Schuldgefühle verstrickte. Zumindest praktisch aktiv werden konnten wir, als ihre Schwerhörigkeit zunahm. Sie selbst hat diese Behinderung nicht als störend empfunden. Im Gegenteil: Sie entsprach ihrem Charakter, denn eigentlich ging es ihr im Gespräch weniger ums Zuhören. Außerdem meinte sie, die Leute könnten ja lauter sprechen. Wir haben Jahre gebraucht, bis sie endlich ein Hörgerät akzeptierte.
Ihre Tagesabläufe waren von Ängsten geprägt. Sie beschäftigte sich sehr oft und intensiv mit dem Sterben, bestimmte minutiös den Begräbnisablauf und verfaßte immer wieder neue Verfügungen, um uns, wie sie sagte, mit diesem ganzen Kram so wenig wie möglich zu belasten.
Das Geschäft wurde seit dem Tod des Vaters vom ältesten Sohn geführt. Sie besaß Anteile, die mit dem Wohnhaus zusammen ihren späteren Unterhalt absichern sollten. Als nach mehreren Jahren ihre schon länger geäußerten Befürchtungen bezüglich des Geschäftsablaufes eintrafen, mußte sie ihr Wohnhaus verkaufen und einen Teil zur Entschuldung des Geschäftes abgeben. Ihr inzwischen angesammeltes Mißtrauen dem Sohn gegenüber verschärfte sich, so daß er und seine Familie schließlich den Kontakt zu ihr abbrachen. Dieser Konflikt und die Aufgabe des Geschäftes bedeuteten für sie den Verlust ihrer Lebensmitte.
Von diesem Zeitpunkt an versuchte ich, sie in unsere Nähe nach München zu holen, um mich besser um sie kümmern zu können. Unsere Ehe blieb leider kinderlos, so daß ich meinen Beruf ohne Unterbrechung bis heute ausübe. Wegen der Kinderlosigkeit hat mein Mann sein Büro in unserem Haus etabliert, weshalb die Aufnahme meiner Mutter bei uns auch aus diesem Grund nicht möglich war. Ich muß zugeben, daß mir dieser Umstand als Argument ganz gelegen kam und mir weitere Rechtfertigungen ersparte. Sie selber wurde nicht müde zu betonen, daß sie niemals in das Haus eines ihrer Kinder ziehen würde – ihre unbewußten Signale verrieten das Gegenteil. Schließlich nahm sie unseren

Vorschlag, in ein hiesiges Seniorenheim zu gehen, an und machte sich während ihrer Besuche bei uns ganz undramatisch mit dem Heim vertraut. Am Schluß erwartete sie sogar ungeduldig den Ortswechsel und bewältigte den Umzug souverän.
Von nun an wohnte sie also in „Spaziergangreichweite" von uns entfernt, was sicherlich einige Erwartungen in ihr auslöste. Deshalb versuchte ich gleich zu Beginn, Richtlinien mit ihr zu besprechen und sie auf das Einhalten unserer gegenseitigen Freiräume aufmerksam zu machen. Wahrscheinlich fiel es ihr schwer, unangemeldet nicht zu kommen, auch wenn sie sich nur in den Garten setzen wollte. Schließlich bürgerte es sich ein, daß sie das Wochenende teilweise bei uns verbrachte und ich sie in der Woche öfter besuchte. Als sie verlangte, daß ich sie jeden Tag einmal anrufen solle und ich aus verschiedenen Gründen solche Pflichttermine ablehnte, gab es eine Riesendebatte. Sie hat meine Weigerung nie verstanden.
Insgesamt aber verlief der Beginn ihres neuen Lebensabschnittes sehr harmonisch. Mein Mann und ich waren bemüht, ihre kleine Zweizimmerwohnung mit ihren eigenen alten Möbeln und ergänzenden neuen gemütlich herzurichten. Sie nahm unseren Einsatz gerührt und dankbar an. Auch gelang es mir anfänglich, sie für einige Angebote des Hauses (Ausflüge, Hauskonzerte usw.) zu motivieren.
Aber mit der Suche nach Kontakten begannen die Schwierigkeiten. Sie beschwerte sich ständig bei mir: Niemand passe zu ihr, höre ihr zu, interessiere sich für ihre Probleme. Dabei brachte sie keinerlei Verständnis für die Sorgen anderer auf. So nahm sie Heimbewohnern im Flur die Stöcke weg und zwang sie zum „selbständigen Gehen", wovon sie mir stolz erzählte. Immer weniger merkte sie, wie sehr sie ihr Umfeld fordernd belastete und daß sie zum normalen Kommunizieren gar nicht mehr fähig war. Als ich nach einiger Zeit die einzige Bekannte, die ihr geblieben war, aufsuchte, um ein Buch zurückzubringen, und dabei beiläufig erwähnte, daß meine Mutter ja auch nicht ganz so einfach sei, brach es aus der alten Dame hervor: daß sie unter der Beziehung unendlich leide, daß sie sogar krank geworden sei, aber bis jetzt nicht den Mut aufgebracht hätte, sich zu lösen. Daß sie auch mich in ähnlicher Weise gefährdet sehe und ich mir unbedingt mehr

Distanz schaffen müsse; daß meine Mutter sehr krank sei. Ich war betroffen, gleichzeitig aber auch erleichtert. Denn so deutlich hatte das noch niemand ausgesprochen. Leider konnte ich die Erkenntnis nicht umsetzen und meine Verhaltensmuster ändern. Ich war hoffnungslos überfordert. Ich habe weiterhin vergeblich versucht, ihr zu erklären, warum ihr Defizit an Zuwendung zunehmen würde, wenn sie nicht bereit sei ...

So konnte ich sie nicht davor bewahren, daß sie nach einiger Zeit im Heim total isoliert war. Ich versuchte, durch offene Gespräche mit den Angestellten um Geduld und Verständnis zu werben, und bekam von allen Seiten Unterstützung. Es bestätigte sich mein Eindruck, daß sich alle mit großem Einsatz und liebevoll gerade um die schwierigeren Heimbewohner kümmerten. Aber helfen konnten auch sie meiner Mutter nicht.

Trotzdem hatte ich weiterhin das Bedürfnis, meine Mutter nicht einfach diesem Schicksal zu überlassen. Der inzwischen eingeschaltete Psychotherapeut sah zwar keine Möglichkeit, ihr zu helfen: Sie ließ ihn gar nicht an sich heran. Aber er empfahl eine Beschäftigungstherapeutin, die einmal in der Woche in ihre Wohnung kam. Sie fand meine Mutter zunächst charmant und intelligent, und auch umgekehrt faßte meine Mutter großes Vertrauen zu ihr. Doch nach einiger Zeit fühlte sich auch die Therapeutin überfordert und so vereinnahmt, daß sie, klammheimlich und ohne meine Mutter über die Gründe zu informieren, die Therapie abbrach; sie blieb einfach weg. Ich war entsetzt über soviel Unprofessionalität, aber vor allem wegen der Konsequenzen für meine Mutter, die unfaßbar enttäuscht war und in einen Abgrund stürzte. Und ich konnte ihr wieder einmal nicht helfen.

Von diesem Zeitpunkt an verschlechterte sich ihr Zustand rapide. Nach einem Sturz entwickelte sie Wahnvorstellungen, hielt eine helfende Schwester für ihre Entführerin und schlug tobend um sich. Kleine und mittlere Ausfälle häuften sich, ich stand in ständigem Kontakt mit der Hausleitung und den Schwestern. Wir waren einfach ratlos. Schließlich wurde mir eine geriatrische Klinik bei Erding empfohlen, und ich erklärte meiner Mutter, daß wir etwas für sie tun müßten, damit ihre Versorgung rund um die Uhr gesichert sei. Nach heftigem Widerstreben stimmte sie halbherzig zu. Als ich sie hinfuhr, sagte sie im Auto zu mir: „Der einzige Mensch, der sich jetzt freut, bist du." Und dann etwas, das mich noch mehr traf: „Wenn ich jetzt sterbe, dann soll auf meiner Todesanzeige auf keinen Fall ‚Unsere liebe Mutter . . .' stehen; wenn überhaupt, dann: ‚Unsere geliebte Mutter . . .'"

Bis zum 82. Lebensjahr war meine Mutter geistig und körperlich erstaunlich fit gewesen. Danach stellte sich ein massives, inoperables Augenleiden ein. Obwohl zum Zeitpunkt der ersten Diagnose die Behinderung sich relativ gering beim Lesen, Schreiben und Gehen auswirkte, antizipierte sie bereits damals die Möglichkeit einer Erblindung so heftig, daß sie nicht in der Lage war, mit der Krankheit umzugehen. Sie lehnte trotz der langsamen Verschlechterung jede Lesehilfe ab und gab über ihre Befindlichkeit irritierende und völlig widersprüchliche Auskünfte. Ihr Augenarzt, den sie oft zweimal in der Woche aufsuchte, obwohl sie wußte, daß er ihr nicht helfen konnte, war trotzdem nie ungeduldig und immer um sie bemüht, aber zu uns sprach er von psychischer Blindheit.

In diesem Zustand der subjektiven Hilflosigkeit ließ sie immer unkontrollierter ihren Forderungen und Ansprüchen freien Lauf. Zum Schrecken ihrer Umgebung. Wir alle waren hoffnungslos überfordert und konnten nur durch den gegenseitigen Austausch unserer Nöte uns ein wenig helfen.

Einige Male ließ ich mich noch hinreißen, über diese Zusammenhänge mit ihr zu diskutieren, in dem Glauben, durch eigene Einsicht ihr Leid und Unglück zu verringern. Es endete immer im Chaos. Heute weiß ich, daß wir keine Chance hatten, weil wir uns schon lange nicht mehr auf der gleichen Erfahrungsebene befanden.

Meine Mutter hat nach ihrer Überstellung in die Geriatrie noch drei Monate gelebt. Gleich am ersten Tag teilte sie den Ärzten mit, daß sie zu keinerlei Therapie bereit sei. Sie war total unkooperativ und wollte unbedingt wieder heim, so daß die Ärzte uns baten, sie abzuholen. Noch am selben Tag stürzte sie und verletzte sich am Kopf, so daß sie nicht transportfähig war. Möglicherweise hat sie damals und auch schon früher kleine Gehirnschläge erlitten.

Ich besuchte sie zwei- bis dreimal in der Woche und erlebte in diesen drei Monaten den schmerzvollsten psychischen und physischen Abbau eines Menschen. Ein Jahr lang war ich nicht in der Lage, mich dem Chaos, das ich über diese Zeit im Tagebuch

festgehalten habe, zu stellen. Ich fühlte mich immer wieder mitschuldig, immer wieder hatte ich den Impuls, sie heimzuholen. Aber im Seniorenheim war kein Pflegeplatz frei, und in die psychiatrische Klinik nach Haar wollte ich sie ebensowenig geben. Die Ärzte waren sehr bemüht um sie, obwohl sie mir gestanden, daß sie selten mit schwierigeren Menschen konfrontiert und bis an ihre Grenzen gefordert waren. Ein exaktes Krankenbild zu umreißen war unmöglich, zu viele Symptome vermischten sich, aber in diesem zerfallenden Körper mit seiner zerrissenen Seele tobte immer wieder ein gnadenlos fordernder Wille.
Ende August schließlich wurde in ihrem Seniorenhaus ein Pflegeplatz frei. Sie erkannte niemanden wieder und war inzwischen so schwach, daß auch ihr Widerstand gebrochen war.
Als sie starb, war ich bei ihr.
Sie wurde gerade gefüttert, erkannte mich sofort und war über mein Kommen sehr glücklich. Ich löste die Schwester ab. Meine Mutter war sehr liebebedürftig, und wir verbrachten ihre Mahlzeit in großer Harmonie. Später fuhr ich sie draußen im Rollstuhl spazieren. Es war ein warmer Augusttag, aber sie fror und wollte ins Haus zurück. Dort sprach ich kurz mit einer gemeinsamen Bekannten, etwa drei Meter entfernt von ihr, als ich plötzlich ihre Stimme hörte: „Rieke, komm, du mußt kommen!“ Ich glaubte, daß sie wie üblich meine Aufmerksamkeit allein beanspruchte, und vertröstete sie. Aber ihr Rufen wurde dringlicher, ich eilte zu ihr, und sie sagte: „Rieke, ich muß sterben.“ Ich holte die Schwestern; sie scherzten anfangs: „So schnell stirbt man nicht.“ Meine Mutter hatte so etwas schon öfter gesagt. Inzwischen sah ich aber, wie ihre Gesichtszüge und Hautfarbe sich veränderten. Wir trugen sie in ihr Bett. Sie war nicht mehr bei Bewußtsein. Außer der unbeschreiblichen Zerbrechlichkeit dieses kleinen Körpers war da eine große Ruhe. Niemand holte einen Arzt. Ich hielt ihre weiße, zarte, immer noch wunderschöne Hand. Ihr Leben verlosch ganz unmerklich.
Ich blieb noch eine halbe Stunde allein bei ihr, innerlich völlig leer und erschüttert, unfähig, meine Gefühle zu ordnen.
Ich mache mir immer wieder Gedanken über den Tod, über ein würdiges Sterben und vor allem über ein würdiges Leben. Was danach kommt? Ich glaube, daß ich nicht ergründen kann, woher wir kommen, wohin wir gehen.

Es ist ein starker Trost, daß sie nicht allein war

Anna R. (61), Rentnerin

Wir hatten einen landwirtschaftlichen Betrieb in Siebenbürgen und sind vor zwei Jahren nach Deutschland ausgesiedelt. Meine Mutter hat das nicht mehr erlebt. Sie starb vor vielen Jahren, als ich 20 war. Aber sie fehlt mir bis heute sehr.

Sie war lange Zeit leidend gewesen, Rheuma, und schließlich kam ein schwerer Herzfehler hinzu. Es war schwer für uns alle, auch für meinem Vater, denn für ihn fiel die Ehefrau und Bäuerin weitgehend aus. Meine Mutter konnte nur die leichteren Arbeiten im Haus verrichten. Schließlich mußte ich früh mit anpacken bei der Feldarbeit: Mit zehn Jahren habe ich die erste Fuhre Heu geladen. Ich weiß noch genau, wie ich oben auf dem Wagen stand. Mein Bruder war damals erst fünf Jahre alt und noch zu schwach für schwere Arbeit.

Mein Vater verließ sich ganz auf mich, und ich sprang, so gut ich konnte, immer mehr ein. Eine unbeschwerte Kindheit hatte ich nicht. Ich trug früh Verantwortung und versuchte, meine Mutter zu entlasten und meinem Vater zu helfen, wo ich nur konnte.

Im Januar 1945 wurde mein Vater auf Grund seiner deutschen Volkszugehörigkeit nach Rußland verschleppt. Nun mußte ich versuchen, mit meiner Mutter den Hof zu führen. Wir hatten sieben Hektar Grund, und das größte Problem war das Pflügen. Wir bauten Korn, Mais, Kartoffeln und Rüben an. Wir hatten zwei Kühe, zwei bis drei Schweine und später auch Wasserbüffel. Ich pflügte, indem ich eine Kuh anspannte, hackte Holz, sägte und übernahm, so gut es ging, alle Arbeiten meines Vaters. Ich war damals zwölf und ging nebenbei noch in die Schule. Bevor ich mich auf den Schulweg machte, mußte ich noch zwei Kühe melken, weil das meine Mutter zu sehr anstrengte. Mein Schicksal war von Anfang an nicht leicht. Wenn ich aus der Schule kam, mußte ich Hausaufgaben machen, meine Mutter hatte dann gekocht und das Vieh fertig gefüttert.

1945 haben uns die Kommunisten beinahe alles weggenommen,

wir hatten nur noch eine Kuh und heimlich noch ein Ferkel. Wir mußten es so schlachten, daß es niemand merkte. Mein Onkel, der Bruder meiner Mutter, kam in der Abenddämmerung, und wir schlachteten es. Es hatte nur 40 Kilo. Unser Grund wurde auch teilweise enteignet. Mein Onkel half zwar bei kleineren Arbeiten, aber er hatte auch einen Hof zu versorgen. Im November 1945 kam mein Vater schon nach Hause, weil er krank war. Aber er hat noch gut gearbeitet, und für mich wurde es wieder etwas leichter. Inzwischen war die staatliche Landwirtschaft gegründet worden, wir hatten überhaupt keinen eigenen Grund mehr und gingen als Tagelöhner auf die Felder. Ich hatte mit 14 die Schule beendet, was mich etwas entlastete, da ich meiner Mutter zu Hause immer mehr helfen mußte. So wusch ich beispielsweise die ganze Wäsche. Es gab ja keine Waschmaschinen. Wir hatten einen großen Holzbottich, in dem die Wäsche eingeweicht wurde. Ich erinnere mich, daß ich obenauf immer ein älteres Bettuch legte, Holzasche und schließlich heißes Wasser darüberschüttete. Dadurch wurde die Wäsche, die man per Hand reiben mußte, sauber und gleichzeitig gebleicht. Es war schon sehr viel Arbeit.
Meine Mutter ist damals schon oft gelegen, aber sie stand immer wieder auf, bemühte sich, im Haushalt zu helfen. Die Aufregungen wegen der Deportation meines Vaters, der Tod meines älteren Bruders im Krieg und die Enteignung hatten ihr schwaches Herz sehr mitgenommen. Aber sie war da. Das hat viel gezählt.
Das Verhältnis zu meiner Mutter war gut. Aber wir hatten nicht die Zeit für engen Kontakt, so wie ich ihn jetzt zu meiner Tochter habe. In der Früh mußte ich schnell raus, arbeiten und dann in die Schule. Abends kam ich nach Hause, dann wuschen wir uns, aßen und mußten bald schlafen, um am nächsten Morgen wieder um sechs Uhr aufzustehen. Da blieb gar nicht so viel Zeit für Gespräche. Das bedauere ich heute sehr. Ich wünschte, wir hätten mehr Zeit füreinander gehabt.
1951 wurde bei ihr auch noch Leberkrebs festgestellt. Zwei Jahre später, im Januar 1953, war sie schon tot. Es fing mit Appetitlosigkeit und Leibschmerzen an, sie wurde immer dünner und ihr Bauch immer dicker. Sie konnte ihre Kleider nicht mehr zumachen. Ich hatte sehr viel zu tun. Aber am Samstag bin ich trotzdem öfter abends zum Tanzen gegangen und kam so gegen

drei, vier Uhr morgens wieder heim. Am Sonntag war ja keine Arbeit.

Die Ärzte sagten uns zwar nichts, aber wir haben gemerkt und gesehen, wie es um sie stand. Sie bekam auf der Haut eitrige Geschwüre, die aufbrachen. Ich glaube heute, daß sie schon voller Krebs war. Bis zum nächsten Arzt waren es fünf Kilometer. Autos gab es nicht, wir hatten keine Pferde für den Wagen. Sie hatte starke Schmerzen und wurde immer schwächer. Aber sie lag nur die letzte Woche ihres Lebens im Bett. So lange sie konnte, ist sie aufgestanden und versuchte, sich nützlich zu machen.

Es war uns allen klar, daß sie sterben wird. Auch ihr. Sie war 52 Jahre alt. Am letzten Tag bekam sie eine Spritze, die sie überhaupt nicht mehr spürte. Sie war bis zum Schluß bei klarem Verstand und sprach mit uns allen. Wir sahen es auch in ihren Augen. „Ich werde sterben“, hat sie gesagt, „es geht mir immer schlechter.“ Ihre Geschwister und auch die Schwester meines Vaters kamen zu uns. Wir waren alle in einem Zimmer, denn es war Winter und wir heizten nur diesen Raum. Um es gut warm zu machen für sie, hatten wir den Ofen hineingestellt.

Sie konnte nicht liegen, und wir legten ihr Polster in den Rücken, so daß sie beinahe saß. Das ging bis in der Nacht. Ich hielt sie im Arm, und das tat ihr gut. Ich habe sie mit Essigwasser abgerieben, an der Brust und an den Pulsadern. Das hat sie erfrischt. Schließlich sagte sie: „Ich kann nicht mehr.“ Dann saß auch ihr Bruder neben ihr, und sie sprach sogar mit ihm.

Eine Nachbarin war auch zu uns gekommen, die nahm mich beim Hinausgehen auf der Treppe in den Arm, und ich fing an zu weinen. „Du Arme“, sagte sie zu mir, „deine Mutter wird dich verlassen.“ „Ich weiß“, konnte ich nur sagen.

Die Verwandten sagten meinem Bruder und mir, wir sollten ins Bett gehen, denn man wußte ja nicht, wie lange es noch mit ihr dauern würde. Ich hatte die letzten Nächte nie durchgeschlafen. Wir waren ja alle in einem Zimmer. Also legte ich mich hin. Mein Vater hielt meine Mutter inzwischen immer wieder im Arm. Da fragte meine Mutter: „Wo ist meine Tochter? Sie soll kommen, sie hat mich heute so gut im Arm gehalten. Ich habe mich so wohl gefühlt.“ Ich stand sofort auf, setzte mich neben sie, hielt sie und wusch sie wieder mit Essigwasser. Sie sagte zu mir: „Ich geh’ zur

Ruh'. Aber auf dich wird noch vieles und Schweres zukommen." Und es ist auch alles so gekommen. Eins übers andere.
Gegen zwei Uhr in der Nacht drehte sie den Kopf zur Seite, sah sich alle im Raum versammelten Menschen an und sagte: „Schau, wie sie alle schlafen. Nur wir zwei sind noch wach." Das waren ihre letzten Worte. Ich fragte sie, ob ich sie noch einmal abwaschen solle, aber sie hat nicht mehr geantwortet. Ich machte meine Hand naß, strich ihr über die Stirn, aber sie drehte den Kopf, als ob sie sagen wollte: Ich brauche das jetzt nicht mehr.
Ich sah, wie ihr Atem immer flacher wurde. Immer flacher. Bis sie in meinen Armen eingeschlafen ist.
Ich habe sie dann zurückgelegt in die Kissen. Ich konnte nicht mehr. Die anderen hörten mich und wachten auf. Ich sagte nur: „Die Mutti ist gestorben." Mein Vater war gleich da und alle anderen mit der Lampe. „Das gibt es nicht, das gibt es nicht", sagten sie neben dem Bett. Sie haben meinen Bruder und mich dann herausgeschickt, um sie herzurichten. Ich sagte zu ihm : „Ich glaube, ich kann nicht leben ohne die Mama." Und wir knieten hin und weinten beide.
Es hat uns sehr schwer getroffen. Mein Bruder war 15, ich 20 Jahre alt. Wenn mir nach der Beerdigung jemand eine Schaufel gegeben hätte, ich hätte das Grab aufgemacht und sie herausgeholt. Aber das ging ja nicht mehr. Ich kam mir sehr verlassen vor. Sie war zwar immer krank gewesen, aber sie war immer da für uns.
Mein Cousin kam danach jeden Tag zu uns, um nach uns zu sehen. Wir haben uns sehr gemocht und verstanden, und er war eine große Stütze. Zwei Monate nach meiner Mutter starb er ebenfalls, obwohl er überhaupt nicht krank war, mit 22 Jahren. Ein Verlust nach dem anderen.
Der frühe Tod meiner Mutter hat mein Leben in jeder Hinsicht geprägt. Man kann über nichts mehr sprechen, man kann sich nirgends hinwenden. Ich hatte zwar meinen Vater und meine Tante, die Schwester meiner Mutter. Aber die Mutter fehlte mein ganzes Leben lang. Ihr Rat hätte mich vor manchem Fehler bewahrt. Sicher auch vor meiner schlechten Ehe, nach der ich meine beiden Kinder allein großziehen mußte. Ich hatte von Anfang an sehr viel auf dem Buckel. Bis heute.
Für meinen Bruder ging das Leben im Grunde weiter, als wenn

die Mutter noch lebte. Er hat es nicht so gespürt wie ich, denn ich war schon lang für ihn eine Art Mutter-Ersatz.
Ich habe von Anfang an versucht, meiner Tochter die Mutter zu sein, die ich nicht mehr hatte. Wir hatten mehr Zeit füreinander, da ich Angestellte war, als sie klein war. Als sie mit der Schule anfing, saß ich stets neben ihr, half ihr und beruhigte sie. Ich habe versucht, ihr das Lernen, das Rechnen spielerisch beizubringen. So war alles leichter für sie. Auch mein Sohn hat mir mein Bemühen um ihn gedankt: Beide Kinder sind erwachsen und machen mir viel Freude. Ich habe das allein geschafft. Einmal fragte mich jemand, wie ich das alles durchstehe. Beide Kinder haben in Rumänien das Abitur gemacht, obwohl ich sehr wenig verdiente. Ich bekam nur 220 Lei im Monat, und die Schule kostete 450 Lei. Ich habe nebenbei gearbeitet und dachte oft: Wenn ich nur so lange lebe, bis beide ihr Auskommen haben. Der liebe Gott hat mich erhört, und beide gehen jetzt ihre eigenen Wege.
Eine Mutter ist sehr wichtig. Ich achte deshalb sehr darauf, daß ich mit meiner Tochter nichts versäume. Abends, wenn wir uns hinlegen, müssen wir wenigstens eine halbe Stunde tratschen. Wir gehen auch ab und zu Sonntag nachmittag ein wenig spazieren, und wieder wird getratscht. Wir haben eine sehr gute Beziehung. Ich hatte so etwas gar nicht erwartet. Das entschädigt mich für vieles.
Einen Monat nach der Beerdigung meiner Mutter kamen am Sonntag nachmittag ein paar Freundinnen zu mir und wollten mich abholen. Ich konnte nicht. Dort wurde gelacht, dort wurde geredet und gesungen. Das konnte ich nicht ertragen. Ich habe noch ein Jahr nach dem Tod meiner Mutter jedesmal geweint, wenn jemand sie erwähnte. Damals stimmte man im Radio oft das Lied „Mamatschi, schenk mir ein Pferdchen" an. Das ist bis heute für mich sehr eng mit ihr verknüpft. Es ist so schwer, wenn man die Mutter früh verliert.
Sie war sehr gläubig, und obwohl sie körperlich schwach und krank war, haben wir uns alle an sie anlehnen können. Sie ging auch ganz ruhig in den Tod. Ich habe ziemlich bald danach geheiratet, wahrscheinlich aus dem Wunsch nach Geborgenheit heraus. Die habe ich in meiner Ehe nie gefunden und ließ mich

nach einigen Jahren wieder scheiden. Meine Mutter war ein seelisch starker und sehr gütiger Mensch. Mein Vater hat sie nur um sechs Jahre überlebt. Er hat wohl auch ihren Rückhalt gebraucht.
Es ist für mich immer noch ein starker Trost, daß meine Mutter nicht allein war am Schluß, daß alle da waren und daß ich sie im Arm halten durfte, als sie starb. Sie hat mich gerufen, als sie spürte, daß der Tod kam. Sie hat nach mir gefragt, nicht nach ihrem Mann oder ihrer Schwester. Mit dem, den man ruft, wenn man im Sterben liegt, hat man wohl die engste Bindung.
Solange man noch die Mutter hat, kann man sie nicht schätzen, denn sie ist stets für einen da. Erst wenn sie einem fehlt, merkt man, was man verloren hat.
Ich weiß nicht, ob etwas von meiner Mutter weiterlebt. Ob es einmal ein Wiedersehen gibt. Ich hoffe es. Ich hoffe es sehr.

Es ist etwas Unerledigtes geblieben zwischen uns

Marianne S. (63), Hausfrau

Das Verhältnis zu meiner Mutter war sehr schwierig. Ich habe erst mit der Zeit erkannt, daß sie auf mich – ohne es zu wollen – zerstörerisch gewirkt hat. Dies war in so viel Liebenswürdigkeit, Fürsorge und Überbehütung eingepackt, daß ich das Spiel als Kind nicht durchschauen konnte. Ich war ein Einzelkind, und sie sprach immer von ihrer Angst um mich. Ich hatte niemals Sportsachen und niemals Stiefel, ich hätte mich ja verletzen oder beim Spielen oder Rodeln im Winter draußen erkälten können. Sie wollte es sicher nicht, aber sie hat meine Entfaltung immer behindert.
Obwohl ich die Klassenbeste war, hat sie verhindert, daß ich aufs Gymnasium kam. Mein Vater war Musiker und ging völlig in seinem Beruf auf. Er hielt sich aus meiner Erziehung heraus. Aber

nicht nur das: In unserer Familie herrschten eindeutig matriarchalische Zustände. Meine Mutter hatte alles, auch die materiellen Dinge, fest in der Hand. So hat sie beispielsweise ein Mietshaus, das eigentlich mein Vater von seinem Vater geerbt hatte, verwaltet. Heute weiß ich, daß auch sie es als Kind nicht leicht hatte. Sie stammte aus einer sehr patriarchalischen Familie. Nur sie konnte sich gegen den despotischen Vater behaupten. Ihr einer Bruder nahm sich mit 21 Jahren das Leben, der andere starb früh, ebenso wie meine Großmutter. Auf Grund ihrer Kraft hat meine Mutter sich wohl in die Dominanz gerettet und sich instinktiv einen Mann gesucht, den sie ihrerseits beherrschen konnte.
Merkwürdigerweise hat sie jedoch auch als Ehefrau und Mutter diesen Vater niemals in Frage gestellt. Er blieb in meiner Familie eine sakrosankte Figur. Das hatte seine Wurzeln darin, daß meine Mutter enorme Schuldgefühle entwickelte, als sie meinen Vater heiratete und ihren Vater, der bereits verwitwet war, verließ. Er hatte auch sein Bestes getan, ihr ein schlechtes Gewissen einzuimpfen: Während ihrer Hochzeitsnacht, die bezeichnenderweise im väterlichen Hause stattfand, hat er die ganze Nacht laut geweint und geschluchzt, weil er seine Tochter hergeben mußte. Es ist also offensichtlich, daß meine Mutter aus einer hochneurotischen Familie kam. Ihre Schuldgefühle führten dazu, daß sie zeit ihres Lebens ins Elternhaus zurückstrebte und dort auch die meisten Familienfeste abgehalten wurden. Wir waren wirklich ewig beim Opa. Ich erinnere mich daran, daß wir meine Erstkommunion ganz selbstverständlich bei ihm begingen. Daß er ein Gasthaus besaß und in seinem Dorf ein angesehener Mann war, unterstützte sie natürlich in ihrem Verhalten.
Meine Mutter war stark und eine Meisterin im Umgang mit Menschen. Sie konnte sehr gut auf sie zugehen, auch auf Männer. Sie war sehr hilfsbereit. Das kam ihrem Dominanzstreben sehr entgegen, denn wer hilft, ist immer der Stärkere. Mein Vater war liebenswert, charming, aber schwach. Er war froh, ihr die Führung überlassen zu können. Und diese Powerfrau hatte nun Angst, daß ihre einzige Tochter sie möglicherweise überflügeln könnte. Sie hatte nie ein weiteres Kind gewollt, eins genügte ihr zur Bestätigung ihrer Weiblichkeit und Mutterrolle.
Meine Mutter hatte einen sehr unangenehmen Zug: Ihre ständige,

ängstliche Fürsorge um mich war lediglich vorgetäuscht. Den Beweis sehe ich darin, daß ich in meinem Elternhaus niemals ein eigenes Zimmer oder ein eigenes Bett besaß. Meine ganze Kindheit lang nicht. Dabei hatten sie ein eigenes Auto sowie ein Motorrad, und das war 1936 sicher ziemlich unüblich und auch kostspielig. Ich habe genau gewußt, daß wir keine armen Leute waren. Als ich in diesem Jahr zu Ostern in die Schule kam, hatten alle Mitschüler diese schönen, neuen Schulranzen aus ganz hellem Leder. Ich hatte den alten von meinem Onkel, den meine Mutter irgendwo auf dem Speicher gefunden hatte. Für dich ist der gut genug – diese Botschaft hat sie mir dadurch vermittelt. Außerdem hat sie mich von jeder häuslichen Arbeit ferngehalten mit der Begründung: „Das kannst du sowieso nicht." Sie hat mich einfach ständig entmutigt.
Ich werde nie vergessen, wie ich sie einmal, als ich längst erwachsen war, zu mir und meinem Mann einlud: Da kam sie tatsächlich mit einer Thermosflasche voller Suppe an. „Du hast ja sicher nicht genug gekocht", sagte sie. Als die Söhne meines Mannes zu uns kamen, lag sie mir monatelang in den Ohren, daß ich unfähig sei, einen Vierpersonenhaushalt zu führen und deshalb ohne Zweifel bald zusammenbrechen würde. Ihre Schwester, die hauptsächlich dazu da war, den verwitweten Vater zu bedienen, hat sie ganz ähnlich behandelt. Leider sind meine Großeltern väterlicherseits früh gestorben. Von ihnen hatte ich zum Entsetzen meiner Mutter wenigstens einen Schlitten und ein Fahrrad geschenkt bekommen. Hätten sie länger gelebt, hätten sie einiges verhindern können.
Meinen Vater mochte ich sehr gern. Aber er hat sich einfach immer rausgehalten. Er war eine – wenn auch geliebte – Randfigur in meinem Leben. Er war grundsätzlich fröhlich. Er pfiff jeden Morgen vor sich hin. Er war ein guter, erfolgreicher Musiker. Bis Ende 70 stand er im Beruf und war mit sich und der Welt sehr zufrieden. Im Grunde haben sich beide nie über mich Gedanken gemacht. Wenn es meiner Mutter in den Kram paßte, war ich auch mal das Renommierkind. Ich sagte recht hübsch Gedichte auf, sang und war überhaupt musikalisch. Ich war immer der Pudel, der seine Kunststücke machen durfte, und dem Besitzer wurde dann applaudiert. Aber der Pudel durfte nie von der Leine.
Ich glaube schon, daß meine Mutter mich liebte und auch meinen

Vater. Aber es war eine sehr dominierende, besitzergreifende Art von Liebe. Sie war, wie ich, eine gute Schülerin gewesen und hatte keine höhere Schulbildung erhalten. Vielleicht hat sie mich deshalb gedämpft und gebremst, denn ich war ein lebhaftes, aktives Kind mit Power wie sie. Das galt nicht nur für die Schule. Ich habe überhaupt nichts lernen dürfen. Auf diese Weise habe ich erst mit 17 schwimmen und mit 43 Skifahren gelernt. Allerdings durfte ich ab dem neunten Lebensjahr Klavierunterricht nehmen. Aber nur, weil die Kinder der Kollegen meines Vaters auch welchen hatten.

Es kam mir zunächst nicht in den Sinn, mich gegen sie zu wehren. Erst mit 14 habe ich darauf bestanden, auf die Lehrerbildungsanstalt zu gehen. Ich wußte, daß dies meine letzte Chance war, an eine bessere Bildung zu kommen. Bezeichnenderweise hat sie dann den Termin für die Aufnahmeprüfung zweimal verfallen lassen. Schon Jahre früher hatte meine Lehrerin ihr gesagt, daß ich aufs Gymnasium gehöre. Ich habe sogar auf Veranlassung dieser Lehrerin die Aufnahmeprüfung in die vierte Klasse des Gymnasiums geschafft. Aber da bekam ich plötzlich Angst und machte einen Rückzieher. Das war im Grunde kein Wunder, denn die Klasse, in der ich völlig fremd war, mußte in die Kinderlandverschickung. Man schrieb das Jahr 1944. Aber ich hatte schon sehr wenig Selbstvertrauen. Das mit der Lehrerbildungsanstalt habe ich dann jedoch gegen den Willen meiner Mutter durchgehalten. Als Kind habe ich gegen den Zwang in meinem Elternhaus mit Krankheit reagiert. Schon mit acht Jahren hatte ich eine Lungenentzündung sowie eine eitrige Rippenfellentzündung, die sehr schwer waren. Außerdem war ich andauernd erkältet. Ich war wirklich ständig leidend. Das war ihnen lästig. „Gibt es eigentlich eine Krankheit, die du noch nicht hattest?“ fragte mein Vater einmal leicht gereizt. Seit der Pubertät mit 14 Jahren kamen dann depressive Zustände hinzu. Die waren, wie mir später bewußt wurde, auf meinen totalen Mangel an Selbstvertrauen zurückzuführen. Das hatte meine Mutter mit ihrem leisen Gift bewirkt. Ich habe mir überhaupt nichts mehr zugetraut. Ich merkte es beim Schreiben von Aufsätzen, daß ich total abgeschnitten war von meinem Unbewußten.

Sicher hat sie gespürt, daß ich im Grunde auch stark war, und hatte unbewußt Angst davor, wieder dominiert zu werden wie in ihrer Kindheit. Ihre stehende Redewendung war: „Eine Mutter hat immer recht.“

1950 war ich dann 20. Also erwachsen, lebte aber noch zu Hause. Da habe ich meinen ersten großen Ausbruchsversuch gestartet. Ich wollte plötzlich nicht mehr Lehrerin werden, sondern Gesang studieren, obwohl ich bereits im ersten Semester auf der Pädagogischen Hochschule war. Ich ließ meine Stimme prüfen und wurde als begabt eingestuft.

Mein Drang zur Unabhängigkeit wuchs: Ich besorgte mir eine Schreibmaschine, brachte mir das Zehnfingersystem bei – ich konnte ja Klavierspielen – und nahm einen Bürojob bei den Amis an, um damit meine Gesangstunden zu bezahlen. Ausziehen konnte ich nicht. Aber ich war wenigstens finanziell einigermaßen unabhängig. Natürlich war ich total überlastet. Ich arbeitete, mußte viel üben und hatte mehrmals in den Woche Gesangsunterricht.

Mit 24 Jahren erkrankte ich an einer schweren Herzneurose. Ich war wieder einmal monatelang krank.

Wieder gesund, habe ich verschiedentlich vorgesungen, ich war auch schauspielerisch begabt, und man sagte mir, ich könnte was werden. Aber in dieser Prüfungssituation hatte ich solche Versagensängte, solche panische Angst, daß ich keine entsprechende Leistung erbringen konnte. Mein Gesang war nicht Ausdruck der Lebensfreude, sondern der Todesangst. Meine Kehle war trocken und wie zugeschnürt.

Mit der Liebe verhielt es sich ähnlich: Ich hatte Verehrer, aber unheimliche Angst vor der Liebe, weil sie für mich Ausgeliefertsein bedeutete. Ich fürchtete, daß mich der Mann dann in der Hand haben würde. Deshalb habe ich jede Beziehung immer kurz vor dem Ziel abgebrochen.

Mit 27 Jahren lebte ich immer noch bei meinen Eltern und begab mich endlich in eine Therapie. Die brachte allerdings nichts, weil sie den Konflikt mit meiner Mutter unaufgedeckt ließ.

Mit 29 Jahren traf ich dann meinen jetzigen Mann. Der war genauso am Ende wie ich. Hatte eine gescheiterte Ehe und massive berufliche Probleme. Er brauchte dringend meine Hilfe. Er war der einzige Mensch, bei dem ich nicht diese Angst hatte. Ich war gezwungen, die Führungsrolle zu übernehmen. Ich habe genau gewußt, daß dieser Mann meine letzte Chance war. Natürlich war meine Mutter dagegen. Sie sah es als Schande an, daß ich mich mit einem verheirateten Mann einließ, dessen Frau sich nicht scheiden lassen wollte. Meine Mutter verlangte, daß wir deshalb ins Ausland gehen sollten. Ähnlich hatte sie auch reagiert, als ich mein Studium abgebrochen hatte und als Sängerin gescheitert war: „Wenn du jetzt keine Sängerin wirst, dann müssen wir uns ja genieren."

Ich hielt dennoch zu ihm. Man kann sagen, daß wir uns gegenseitig buchstäblich aus der Scheiße herausgezogen haben. Zunächst allerdings ließ ich mich nach bewährtem Muster von ihm völlig vereinnahmen. Seine Berufsprobleme, seine Söhne, die schließlich zu uns zogen. Ich wurde auf diese Weise eine uneheliche Stiefmutter. Aber es war etwas viel für mich. Ich wurde wieder depressiv, nahm zunächst Beruhigungsmittel, begab mich dann jedoch zum zweiten Mal in Analyse. Ich war inzwischen über 40 und besprach meine Probleme nie mit P., der selbst genug belastet war. Diese Analytikerin half mir endlich, alle meine Schwierigkeiten zu verstehen. Das führte natürlich dazu, daß ich mich mit meiner Mutter auseinandersetzen mußte.

Es kam zu einer Wahnsinns-Szene: Ich bekam bei einem meiner Besuche eine unkontrollierbare Wut und schrie alles heraus, was sie mir in meinem Augen angetan hatte. Ich werde diese Szene nie vergessen. „Das Beste, was du für mich hättest tun können, wäre gewesen, mich gleich nach der Geburt zur Adoption freigeben", warf ich ihr an den Kopf. Sie wollte aus ihrem Sessel aufstehen, aber ich stieß sie zurück und schrie sie an: „Du bleibst jetzt hier und hörst dir an, was ich dir zu sagen habe, verdammt noch mal." Mein Vater saß daneben und sagte keinen Pieps.

Ich hätte ihr alles verzeihen können, wenn sie nur ihre Fehler eingestanden hätte. Ich habe ja verstanden, warum sie so zu mir war. So sein mußte. Aber sie ließ alles an sich abprallen wie an einem Regenmantel. Sie zeigte keinerlei Betroffenheit. Sie war völlig gepanzert und hielt mich offensichtlich für ziemlich verrückt.

Auf die Dauer hat sie auf meine Wandlung reagiert, indem sie sich von mir völlig abhängig machte. Sie war erst Anfang 60, also so alt wie ich jetzt, da versuchte sie es auf die Klammertour. Ich mußte überallhin mit, zum Arzt, zum Einkaufen. Als sie merkte, daß sie keine Macht mehr über mich hatte, wurde sie hilfeheischend. Als ich seinerzeit endgültig zu P. zog, hatte sie zu einer Freundin gesagt: „Ich wünschte, ich würde so schwer krank, daß sie nicht wegkann."

Mein Leben wurde stabiler. Wir konnten durch einen Detektiv beweisen, daß P.s Frau ein Verhältnis mit einem Italiener hatte, und so die Scheidung endlich durchsetzen. P. und ich heirateten. Die Situation mit seinen Söhnen, die bei uns lebten, besserte sich. Da starb 1981 mein Vater.

Meine Mutter ließ sich völlig fallen. Sie bestellte die Zeitung ab, meldete den Fernseher ab, wollte niemand mehr sehen. Außer mich. Ich tat wirklich viel für sie, war dauernd bei ihr. Aber es war nie genug. Sie wollte immer, daß ich bei ihr bleibe. Sie wollte mich um jeden Preis um sich haben. Wegen ihrer unsinnigen Ernährungsweise bekam sie Zucker, schließlich Arthrose. Ich habe für sie eingekauft, habe sie gebadet, ihr die Fußnägel geschnitten. Alles. Aber ich war nicht gut zu ihr. Ich konnte es nicht. Sie hatte eine so fordernde Haltung. Materiell ging es ihr gut, da gab es keinerlei Probleme.

Schließlich wollte sie ganz zu mir kommen. Ich kriegte daraufhin Magenkrämpfe und Alpträume. Ich konnte diese Vorwurfshaltung nicht ertragen. Schließlich wurde sie mit schwerem Zucker ins Krankenhaus gebracht. Es war klar, daß sie danach zu uns kommen würde.

Ich stellte mich auf eine längere Pflegezeit ein. Wir richteten in einem Zimmer unseres Hauses eine richtige Pflegestation her: Krankenbett, Nachtstuhl. Alles Notwendige. Ich wußte nicht, daß sie nur noch 16 Tage zu leben hatte.

Bis zum Schluß hat sie versucht, mich als Trottel hinzustellen, dem man Anweisungen geben muß. Sie wollte beispielsweise einen Apfel haben. Ich habe ihn geschält, geschnitten. Da fragte sie: „Hast du dir die Hände gewaschen?" Immer so ein Vorwurf. Trotzdem habe ich sie gewaschen, sie sogar gewickelt wie ein Baby.

Es tut mir weh, daß wir letztendlich unversöhnt auseinandergegangen sind. Sie war im 81. Jahr, als sie starb. Ich hatte mich nach meiner Analyse sehr darum bemüht, sie zu entfalten. Aber sie hat mir nur erbitterten Widerstand entgegengesetzt. Vielleicht habe ich im Grunde meiner Seele gehofft, während dieser letzten

Pflegezeit noch mit meiner Mutter ins reine zu kommen, endlich mit ihr Frieden zu schließen. Es ist mir nicht gelungen.
Nach wenigen Tagen lag sie im Koma. Ich bekam fürchterliche Angst. Ich saß bei ihr, weinte und sagte ihr: „Ich hätte ja alles eingesehen. Du hast es ja als Kind auch so schwer gehabt. Warum hast du nur nie auf mich reagiert?" Ich sah, daß es zu Ende ging, und kann nur hoffen, daß sie mich noch gehört hat. Ich war unendlich traurig, daß wir nun keine Gelegenheit mehr haben würden, anders miteinander umzugehen. Es hätte ja noch alles besser mit uns werden können. Ich hatte es ja immer wieder versucht. Aber wenn ich auf sie zugekommen war, hat sie das immer als Schwäche ausgelegt und war sofort obenauf gewesen. Sie starb am 5. Mai nachmittags in ihrem Bett in meinem Haus. Ich hielt ihre Hand.
Aber es ist nicht ausgestanden zwischen uns. Wir haben uns nicht mehr versöhnt. Ich komme nicht über das Gefühl hinweg, daß da etwas Unerledigtes geblieben ist. Dennoch sehe ich inzwischen, welche guten Eigenschaften ich von ihr habe. Ich kann beispielsweise auch gut auf Menschen zugehen. Finde leicht Kontakt. Und ich bin letztendlich belastbar geworden. Ich bin überzeugt davon, daß ich nicht so schmerzliche Gefühle des unwiederbringlich Versäumten hätte, wenn meine Mutter wenigstens ein einziges Mal einsichtig gewesen wäre. Diese Selbstgerechtigkeit, diese Ausreden! Sie hat niemals gesagt, irgend etwas täte ihr leid. Auch auf meinen Vater spüre ich noch Wut, weil er nichts getan hat. Ich habe immer noch Schuldgefühle, weil ich auch am Ende nicht nett zu ihr war. Ich habe meine Pflicht erfüllt, aber ich war nicht liebevoll. Ich pflegte sie, aber ich habe ihr mein Gefühl verweigert.
Als meine Mutter tot war, habe ich ihr die Augen geschlossen, ihr eine Kinnbinde angelegt. Ich spürte Erleichterung, daß es vorbei war. Für sie und für mich. Ich bin nicht mehr bei ihr gesessen. Und ich wollte, daß sie bald aus dem Haus kommt. Sie starb um 15 Uhr 30, und ich ließ sie schnell abholen. Als man sie holte, hatte ich ihren Paß nicht bei mir. Ich mußte eine Nachbarin herbitten, die sie identifizierte. Ich zog meiner Mutter eine rosa Bluse an, die ich ihr einmal geschenkt hatte. Sie hatte sie kein einziges Mal getragen.
Zwischen uns ist ein Rest geblieben. Eine Schwelle, die wir nicht mehr überschritten haben.

Es ist bezeichnend, daß ich mich auf dem Friedhof oft verlaufe. Ich kann dann einfach ihr Grab nicht finden . . .

Sie lebt gedanklich in mir weiter

Ursula S. (52), pharmazeutisch-technische Assistentin

Als meine Mutter krank wurde, war ich gerade mit meinem Mann in eine eigene Wohnung gezogen. Ich war damals 29 und hatte eine zweijährige Tochter. Es sah zunächst so aus, als wenn Mutti eine normale Magenverstimmung hätte. Nach drei Tagen holten wir den Arzt, der tastete sie ab und stellte auf Anhieb die richtige Diagnose: Leberkrebs. Ihre Leber hatte bereits den fünffachen Umfang eines gesunden Organs.
Ich hatte mit meiner Mutter eine unwahrscheinlich kameradschaftliche, enge Beziehung. Ich war das einzige Kind und konnte mit ihr immer alles besprechen. Sie war sehr herzlich und hatte auch zu meiner Kleinen eine sehr enge Bindung aufgebaut. Meine Mutter hat mich immer unterstützt und gefördert. Von Anfang an. Ich fühlte mich sehr geborgen bei ihr.
Für meinen Vater war der Verlust meiner Mutter unbeschreiblich schwer. Er war gerade eben in Rente, und sie hatten noch so viel zusammen vor. Sie war 58, als sie starb, und sie hatten eine vorbildliche Ehe geführt.
Meine Mutter war ein sehr fröhlicher, humorvoller und lebenslustiger Mensch. Sie sagte immer: „So lange ich lebe, achte ich nicht auf meine Gesundheit, sondern ich will mein Leben genießen.“ Sie hat sehr viel geraucht, aber ob das zu ihrer Krankheit beigetragen hat, kann man hinterher nicht sagen.
Sie hatten viele Freunde und waren ungemein gesellig. Sie haben sich noch, als sie keineswegs mehr jung waren, einen Motorroller zugelegt und sind mit dem bis ans Schwarze Meer gefahren.
Als ich zweieinhalb war, gegen Kriegsende, wir lebten damals noch in Rumänien, wurden meine Eltern als Deutschstämmige

nach Rußland zur Zwangsarbeit deportiert. Drei Jahre waren sie weg, und ich kam zu meinen Großeltern. Als sie zurückkamen, war ich sechs. Es war ein unbeschreiblicher Freundentag. Die Deportation war auch der Grund, weshalb ich keine Geschwister habe.
Ich kann mich noch genau daran erinnern, wie meine Eltern von den Russen abgeholt wurden. Mein Vater nahm mich noch einmal auf den Arm, stellte mich hin und ging wortlos hinaus. Alle drei kleinen Enkelkinder kamen zu den Großeltern, und ich hörte nachts meine Großmutter weinen, die drei Kinder und zwei Schwiegersöhne in Rußland hatte und ein Jahr lang nicht wußte, ob sie überhaupt noch lebten. Das große Glück war, daß meine Eltern die Jahre in Rußland zusammenbleiben konnten.
Von mir sagt man, ich sei eine Kombination aus meinen Eltern: Mein Vater hatte einen stilleren Humor, die Mutti mußte immer im Mittelpunkt stehen und auffallen. Ich erinnere mich sehr gut, daß mir das manchmal ein bißchen peinlich war. Vati war indessen in einigen Chören und spielte zu Hause viel Klavier oder mit seinen Freunden Quartette. Sie war gelernte Kindergärtnerin und hat bis knapp vor ihrem Tod Deutschunterricht im ungarischen Kindergarten unserer Stadt gegeben. Das hat ihr sehr viel Freude gemacht, und sie hatte bis zum Schluß auch noch einige Privatschüler für Deutsch.
Nach den Jahren in Rußland kann man die überschäumende Lebenslust meiner Eltern gut verstehen. Meine Angst, daß sie wieder für so lange Zeit verschwinden, war geblieben, und ich habe immer furchtbaren Terror gemacht, wenn sie abends weggegangen sind, habe geweint und geschrien.
Meine Teenagerzeit war wunderschön. Meine Mutter hat mir alle Freiheiten zugestanden. Wenn ich abends wegging, fragte Vati: „Wann kommst du?“ Und Mutti sagte: „Das geht dich nichts an.“ Diese vertrauensvolle Haltung habe ich auch auf meine eigene Tochter übertragen. Wenn dieses Vertrauen besteht, wird es von den Kindern auch nicht ausgenützt. Es kommt dann zu einer Freundschaft, und die Kinder erzählen einem alles freiwillig. Ohne Druck. Die Möglichkeiten, die wir hatten, haben wir voll ausgenutzt: Wir haben viel gefeiert, hatten sehr tiefe Freundschaften, eine sehr schöne Schulzeit. Der Zusammenhalt war wirklich gut, es entstanden Bindungen fürs Leben. Wir haben heute noch alle fünf Jahre

Abiturtreffen, die Mitschüler kommen aus dem ganzen Bundesgebiet angereist.
Ursprünglich wollte ich Germanistik studieren, aber das ging nicht, weil Arbeiterkinder die Priorität hatten. Also ging ich widerwillig auf eine neueröffnete Schule für Pharmazie, deren praxisorientierter Unterricht in Apotheken mich aber bald sehr fesselte. Ich habe eine richtige Liebe zu diesem Beruf entwickelt und wollte noch Pharmazie studieren. Dann habe ich aber meinen Mann kennengelernt und geheiratet.
Wir trafen uns auf einer Hochzeitsfeier. Seine damalige Freundin war krank, und ich hatte gerade keinen festen Freund, weil ich eben eine Beziehung beendet hatte. Bei ihm muß es eingeschlagen haben wie der Blitz, denn er sagte sofort zu einem Freund: „Die heirate ich."
Rolf und meine Mutter haben sich sehr gut verstanden, weil sie vom Temperament her sehr ähnlich waren. Sie tuschelten manchmal freundschaftlich miteinander und bezeichneten mich und meinen Vater im Scherz als Langweiler. Wir haben viel zusammen unternommen.
Als Rolf und ich dann eine eigene Wohnung bekamen, hatte sie nur noch ein Jahr zu leben. Keiner hatte etwas geahnt, denn sie war bis fast zum Ende immer munter.
Nachdem ihre Krankheit konstatiert worden war, lebte sie noch ganze drei Wochen. Am 19. Februar kam sie ins Krankenhaus, und am 4. März war sie tot. Man hat ihr nicht mitgeteilt, was sie hatte. Nur meinem Vater und mir.
Ich habe sie jeden Tag besucht, aber ihr nie etwas gesagt. Sie starb im Krankenhaus, weil wir nicht erwartet haben, daß es so rasch geht. Wir waren nicht bei ihr, denn sie starb in den Nacht, und wir wurden erst am nächsten Morgen verständigt. Ob sie etwas geahnt hat? Die Frauen, die mit ihr im Zimmer waren, haben uns erzählt, daß sie sehr viel geweint hat. Sie muß sich also vor uns zusammengenommen haben.
Aber ich bereue heute nicht, daß wir sie nicht genau informiert haben. Ich glaube, sie hätte es nicht verkraftet, zu wissen, daß überhaupt keine Hoffnung mehr für sie bestand. Wir wußten, wie es um sie stand, und haben alle Hebel in Bewegung gesetzt, um ihr doch noch irgendwie zu helfen. Wir ließen uns Medikamente

schicken und Chemotherapeutika, die oral einzunehmen waren, obwohl man sich vernunftmäßig sagen mußte, daß das nichts mehr bringt.
Sie konnte gar nichts mehr essen und hatte schon diese orange Hautfarbe, weil ihre Leber nicht mehr arbeitete. Und dazu den dicken, aufgeblähten Bauch. Sie war nicht einmal ganz dünn, als sie starb, weil es so schnell mit ihr gegangen war. Sie konnte sich sogar von uns noch auf die Toilette führen lassen. Sie war auch nie richtig im tiefen Koma gewesen und immer wieder ansprechbar. Ich redete mit ihr nur über belanglose Sachen und versuchte immer, sie aufzuheitern. Es war furchtbar, bei ihr zu lachen und fröhlich zu sein. Wenn ich wegging, war ich jedesmal völlig fertig. Ich war so durcheinander, daß ich in den Bus stieg und irgendwo ankam, wo ich gar nicht hinwollte. Und ich fragte mich unentwegt, wie es ohne Mutti überhaupt weitergehen sollte. Die Lücke, die sie hinterlassen würde, war unvorstellbar groß.
Ich war mir aber nicht im klaren, daß ihr Tod schon so nah war, obwohl sie schon diese Hautfarbe hatte, die eine Vergiftung anzeigte. Der eigentliche Tod tritt ja bei Leberkrebs nicht durch den Krebs, sondern durch die fortschreitende Vergiftung ein.
Die letzten drei Tage hat sie mich nicht mehr erkannt. Nur noch meinen Vater. Ich war am letzten Abend noch bei ihr, ohne zu wissen, daß das der Abschied war. Am Morgen, als sie tot war, sind wir zu ihr gegangen und haben sie gemeinsam umgezogen. Es ist plötzlich eine unwahrscheinliche Entfernung um einen Toten. Auf einmal ist dir dieser vertraute Mensch so fern, so unendlich weit weg. Mein Vater und ich zogen ihr das blaue Abendkleid an, das sie so gemocht hat. Sie sah friedlich aus und entspannt. Besser als in den letzten Tagen ihres Lebens. Sie hat ja auch keine Schmerzen mehr erleiden müssen. Ich habe ihr noch ein kleines, buntes Frühlingssträußchen in die Hände gelegt. Es war der 4. März 1971.
Die Lücke nach ihrem Tod war kaum zu ertragen. Dazu kam bei mir noch die Sorge um meinen Vater, der jeden Mut und Lebenswillen verloren hatte. Wir haben schließlich die glückliche Lösung gefunden, wieder in mein Elternhaus zu ziehen, in dem wir dann die obere Etage und mein Vater die untere bewohnten und er somit in der Familie wieder eine Aufgabe und einen Lebenssinn fand. Besonders in der Beziehung zu seiner Enkeltochter, die seine Stütze wurde.

Wir gaben ihm Aufgaben wie beispielsweise einzukaufen oder aufs Kind aufzupassen, und er hatte das Gefühl, noch gebraucht zu werden. Das gab ihm wieder Halt.
Die Mutter meiner Mutter, die mich drei Jahre großgezogen hatte, lebte noch und mußte den Tod ihrer Tochter miterleben. Da war also noch einer, für den ich dasein mußte. Es blieb mir gar nichts anderes übrig, als stark zu sein und zu funktionieren. Meine Mutter war Omas Lieblingskind, und sie sagte immer wieder, daß es das Schlimmste sei, ein Kind zu beerdigen.
Ich hätte eigentlich den Wunsch zu glauben, daß es nach dem Tod noch etwas gibt. Das würde alles viel einfacher machen. Ich habe viel gelesen über den Tod und das Danach, aber es ist leider niemandem gelungen, mich zu überzeugen. Ich denke aber sehr viel an meine Mutter und überlege bei meinen Handlungen oft, wie sie das wohl sehen würde und ob sie mit meinem Leben zufrieden wäre. Meine Mutter lebt gedanklich in meinem Leben weiter. Das wird mit den Jahren eher stärker. Die Trauer bleibt ein Leben lang.
Unsere Bindung war so eng, daß ihr Verlust ein furchtbares Erlebnis, ein unendlicher Schmerz für mich war. Ich habe mir deshalb vorgenommen, meine Tochter nicht so eng an mich zu binden. Aber es ist genau so geworden wie bei meiner Mutter und mir. Es hat sich einfach so ergeben, weil meine Tochter auch wieder ein Einzelkind ist.
Meine Mutter ist jetzt über 20 Jahre tot, aber sie fehlt mir immer noch. Ich denke besonders intensiv an sie, wenn ich etwas Schönes erlebe. Eine Mutter hinterläßt eine Lücke, die sich nie mehr schließt.
Ich habe viele Jahre nach Muttis Tod aber auch um meinen Vater sehr tief getrauert. Unsere Bindung war noch enger geworden, weil wir die Jahre nach Muttis Tod unter einem Dach verbrachten. Vatis Leben war erfüllt, er war 82, als er starb, und alles war viel normaler. Ich hielt seine Hand und sprach mit ihm bis zum letzten Augenblick. Es war alles nicht so brutal und plötzlich wie bei Mutti. Aber mit seinem Tod hatte ich nun endgültig mein Elternhaus verloren.
Im nachhinein muß ich sagen, daß es viel besser ist, beim Tod von engen Angehörigen dabeizusein. Man hat das Gefühl, sich verabschiedet zu haben, es bleibt nicht dieser unerledigte Rest.
Als ich zu ihm kam, lag er im Koma, ich streichelte ihn und sagte: „Vati, ich bin da." Da hat er versucht, die Augen aufzumachen,

und ich merkte, daß er meine Anwesenheit spürte. Das war für uns beide sehr wichtig. Als er starb, hielt ich seine Hand. Sein Atem wurde immer schwächer, aber erst, als die Schwester kam und sagte: „Es ist vorbei“, habe ich gemerkt, daß er tot war.
Meine Tochter wollte den Opa noch einmal sehen. Sie sagte ganz erstaunt: „Es ist, als ob er schlafen würde.“ Auch mein Vater spielt in meinen Gedanken weiterhin eine große Rolle.
Seit dem Tod meiner Mutter vermisse ich am meisten unsere Gespräche, ihre Meinung, ihren Rat. Es ist mit Sicherheit so, daß kein Mensch auf der Welt einem so von Herzen und ehrlich raten kann wie eine Mutter. Ich würde mir wünschen, an eine Art Weiterleben nach dem Tod glauben zu können. Erstaunlich ist ja, welche Kräfte einem zuwachsen, wenn ein sterbender Angehöriger einen braucht.
Wenn ich krank und hilfsbedürftig bin, vermisse ich Mutti besonders. Jeden anderen muß ich erst um kleine Handreichungen bitten, eine Mutter macht alles von sich aus. Dieses Umsorgtwerden ist mit der Mutter dahin. Auch an Weihnachten denke ich daran, wie es früher war und spüre ihr Fehlen besonders schmerzlich.
Ich habe von meiner Mutter einen Ring geerbt, den ich eigentlich bei festlichen Anlässen tragen wollte. Aber er macht mich so traurig, daß ich es noch nie konnte. Ich habe es einmal an Silvester kurz versucht, aber ich mußte immer auf den Ring sehen. Meine Mutter hat ihn immer zu besonderen Gelegenheiten getragen, und ich sehe ihre Hand mit dem Ring direkt vor mir. Sie hing sehr an dem Ring, weil sie ihn von meinem Vater bekommen hatte. Jade mit Brillanten.
So gut ich mich mit ihnen verstehe, meine Freundinnen können mir meine Beziehung zur Mutter nicht ersetzen. Am ehesten meine inzwischen erwachsene Tochter, mit der ich wirklich über alles sprechen kann. Allerdings will man sein Kind mit seinen eigenen Sorgen nicht belasten. Im Vordergrund stehen immer ihre Belange. Bei der eigenen Mutter nimmt man diese Rücksicht nicht. Da kann man sich richtig aussprechen.
Meine Mutter ist mit 59 gestorben. Ich bin jetzt 52, aber ich befasse mich dennoch nicht mit meinem eigenen Tod. Ich genieße mein Leben und denke daran lieber nicht. Der Abschied von meinen Eltern hat nicht dazu geführt, daß ich mich mit meinem eigenen Ende beschäftige. Es ist wahrscheinlich zu beängstigend.

Nun aber bleiben Glaube, Hoffnung und Liebe
- diese drei.
Das größte aber unter ihnen ist die Liebe.

Korinther 13/13

Nachsatz

Das Vermächtnis der Mütter

Fünfzehn Schicksale, fünfzehn Mutter-Tochter-Beziehungen, fünfzehn ganz individuelle Abschiede zwischen oft sehr unterschiedlichen Frauen: So verschieden dies Verhältnis auch erlebt worden ist – ob eng oder distanziert, ob liebevoll unterstützend oder schuldbeladen –, für jede der Töchter, mit denen ich sprach, auch für diejenigen, deren Interviews nicht in diesem Buch enthalten sind, bedeutet der Abschied von der Mutter einen sehr wesentlichen Einschnitt im Leben. Es spielt dabei keine Rolle, wo und wann dieses Ereignis eingetreten ist, ob vor vielen Jahren auf einem Bauernhof in Siebenbürgen oder vor Wochen erst in einer Münchner Klinik. Es tut auch nichts zur Sache, wie alt die Tochter war, als die Mutter ging, ob sie an ein Wiedersehen in einer anderen Welt glaubt oder den Tod als absoluten Schlußpunkt setzt. Jede Tochter trägt das Vermächtnis ihrer Mutter, im Positiven wie im Negativen, mit Stolz oder auch mit Widerwillen in sich. Jede spürt auf ihre Weise noch immer ihre Hand . . .

Vertraute und Beraterin

„Sie ist jetzt elf Jahre tot, aber ihr Verlust tut nicht weniger weh. Ich nehme immer noch Abschied von ihr und versuche, etwas nachzuholen“, sagt Petra B. im Interview. „Ihr Rat und ihre Hilfe fehlen mir am meisten“, meint Maria L. Und Ursula S. bekennt: „Ich denke besonders intensiv an sie, wenn ich etwas Schönes erlebe. Die Lücke nach ihrem Tod war kaum zu ertragen.“

So wie diese drei Töchter empfinden viele meiner Interviewpartnerinnen. Die Abwesenheit der Mutter wird auch nach Jahren noch als schmerzhaft empfunden, man fühlt sich auch der Möglichkeit beraubt, noch als erwachsene Frau manchmal ein bißchen Kind sein zu dürfen. „Wenn ich krank bin und hilfsbedürftig, vermisse ich die Mutti besonders“, heißt es bei Ursula S., oder auch: „Ich glaube, daß sie vielleicht mein Schutzengel geworden ist. Wenn es mir schlecht geht, bitte ich sie um Unterstützung.“ (Gisela H.).

Das Verhältnis zur Mutter war in diesen Fällen eng und warm, die Mutter wurde als hilfreicher Rückhalt und interessierte Ratgeberin erlebt. Gerade der Aspekt des für immer verlorenen Rückhalts wird in den Interviews immer wieder hervorgehoben: „Eine Mutter ist stets für einen da. Erst wenn sie fehlt, weiß man, was man verloren hat“, meint Anna R., und Petra B. bedauert: „Dieser Mensch, der alles für einen tun würde, ist nicht mehr da.“

Für viele Frauen stellte die Mutter darüber hinaus eine wichtige Vertraute und Beraterin dar. „Ich vermisse unsere Gespräche und ihre Meinung in vielen Dingen“, sagte mir Ursula S., und Gisela H. schließt sich an: „Ich konnte mit allem zu ihr kommen. Sie hat sogar bei einer Abtreibung mit mir zusammen gebangt.“ – „Ich wüßte gern, wie sie die Lebensphase, in der ich heute bin, empfunden hat“, meinte Petra B. im Gespräch.

Seelische Verletzungen

Aber auch die problematischeren Aspekte einer Mutter-Tochter-Beziehung wurden in den Interviews keineswegs aus falscher Pietät unter den Teppich gekehrt. War doch allen Frauen klar, daß jeder Mensch – auch die eigene Mutter – Fehler begeht, ohne dies zu beabsichtigen, vielfach aus eigenen seelischen Verletzungen in der Kindheit heraus. „Sie hat mich bei meinem Vater als Konkurrenz betrachtet und war später sogar eifersüchtig auf meine Kinder, weil er sich vor Besuchen auf sie freute", erinnert sich Helga L. Und weiter: „Sie hat mit ihren Krankheiten zeitlebens die Familie tyrannisiert und konnte sogar auf Kommando weinen . . . Meine Mutter war es von klein auf gewohnt, im Mittelpunkt zu stehen. Sie war sehr hübsch und das umhätschelte Nesthäkchen im Kreis von vier Geschwistern, was ihren Egoismus sicher gefördert hat."

In diesem Zusammenhang spricht die (kinderlose) Simone de Beauvoir in ihrem Buch „Das andere Geschlecht" von den „Freuden des Besitzes und der Herrschaft", die seelisch nicht ausgereifte und selbst im Grunde hilfsbedürftige Mütter bei ihren noch kleinen Kindern genießen, aber bei Eintritt der Pubertät und der damit zusammenhängenden Auflehnung und Abnabelung schmerzlich vermissen.

Die Versäumnisse der Mütter scheinen oft Spiegelbild ihrer Tätigkeit oder sozialen Zugehörigkeit zu sein: Beispielsweise findet eine Mutter als Arztfrau wenig Zeit für die Kinder, und die Tochter erlebt Jahre später ihren Tod als nicht mehr allzu gravierend, weil sie sich bereits stark von den Eltern abgelöst hat. Die Kunsterzieherin Gabi G.: „Wir waren als Kinder viel uns selber überlassen, weil beide Elternteile ständig in der Praxis schufteten. Wir haben uns dann mit meiner Schwester eng zusammengeschlossen."

Josephine H.s Mutter hingegen war als adelige „Dame der Gesellschaft" stark auf Einladungen und Bridgepartien fixiert und stand für die feinfühlige Tochter „als ein aus der Ferne geliebtes Idealbild auf einem Sockel". Echte Nähe zwischen Mutter und Kind konnte da wenig aufkommen, so daß Josephine H. sich emotional eher ans Hauspersonal halten mußte: „Geborgen gefühlt habe ich mich bei unserer Kinderfrau." Dennoch begegnete sie selbst der Tatsache, daß die Mutter nach dem Tod ihrer beiden Söhne im Krieg in stummem Leid erstarrte („ich hatte ein bißchen den Eindruck, als nähme sie es uns Mädchen übel, daß wir noch lebten") mit Verständnis. Josephine H. und Gabi G. haben jede auf ihre Weise versucht, ihren Müttern am Ende des Lebens die

Zuwendung zu vermitteln, die sie selbst immer wieder vermißt hatten. „Ich war durch ihren Tod zutiefst getroffen, denn in diesen 14 Tagen waren wir uns erstmals wirklich nahegekommen", berichtet Josephine H. über die letzten Wochen ihrer Mutter.

Unüberbrückbare Kluft

Manchmal führt eine wenig harmonische Mutter-Tochter-Beziehung jedoch zu einer Kluft, die sich auch angesichts des Todes bei allem Bemühen und gutem Willen nicht mehr überbrücken läßt. Dies kann so weit führen, daß die Tochter zwar die Sorge um die Mutter auf sich nimmt, es aber zu keiner wirklichen Aussöhnung mehr kommt, wie bei Marianne S.: „Ich habe sie bei mir im Haus gepflegt. Ich habe meine Pflicht getan, aber ich war nicht liebevoll. Ich habe ihr mein Gefühl verweigert." Die Unmöglichkeit, sich doch noch auszusöhnen, der alten Mutter Verzeihen zu gewähren und von ihr zu erlangen, dieser „unerledigte Rest" belastet Marianne S. heute noch. Zu tief waren die Verletzungen, die ihr ihre Mutter, selbst seelisch geschädigt, zugefügt hatte, zu schwerwiegend der Schaden, der damit in ihrem Leben angerichtet worden war. Vorbehaltlos schildet auch Julia Z. die zwiespältigen Gefühle, die ihre Mutter zeitlebens in ihr wachgerufen hat: „Mir ist am Totenbett die Fremdheit zwischen uns deutlicher geworden denn je . . . Sie ist uns allen ein Rätsel geblieben und hat sich nie jemandem wirklich geöffnet . . . Ich war aber auch stolz auf sie, weil sie eine Persönlichkeit war." Schließlich nahm sie einen ganzen Tag lang am Totenbett Abschied von ihrer Mutter, rang förmlich mit ihr und sich. „Ich spürte Trauer, aber auch viel Aggression . . . Mit ihr ist etwas gestorben, das mich auch gefesselt und bedrängt hat."

Simone de Beauvoir erinnert sich in „Ein sanfter Tod" an ihre Mutter: „‚Ich bin wenigstens nie egoistisch gewesen, ich habe für andere gelebt', sagte sie zu mir. Ja, aber auch *durch* sie. Besitzergreifend und herrschsüchtig, wie sie war, hätte sie meine Schwester und mich am liebsten in ihrer hohlen Hand gehabt. Doch gerade als sie diese Kompensation brauchte, sehnten wir uns allmählich nach Freiheit . . ."

Diesen Aspekt der Befreiung vom seelischen oder moralischen Druck, vom Festgehaltenwerden durch die Mutter, sprachen nicht wenige meiner Interviewpartnerinnen an. Befreiung kann sich darin äußern, daß die pflichtbewußte Tochter die Leiche der Mutter nach deren Tod „möglichst schnell aus dem Haus" schaffen läßt (Marianne S.) oder daß sie sich schon zu Lebzeiten früh, wenn auch unbewußt, von der allzu dominanten Mama abnabelt: „Es hat mich erstaunt, daß mich der Tod meiner Mutter so wenig mitgenommen hat" (Verena K.). Diese beschäftigt sich nach dem Tod der Mutter, von der sie sich bereits mit 17 Jahren räumlich getrennt hat, mit der Frage, wann der eigentliche Abschied stattgefunden hat: „Ich dachte darüber nach", erinnert sie sich, „wann ich zum letzten Mal das Gefühl des Verlustes, der Trauer ihr gegenüber empfunden hatte. Es war jener Tag, an dem sie mich nicht mehr erkannte und danach mein letzter Besuch bei ihr, ein halbes Jahr später. Ich spürte damals einen Schock und ein Erschrecken darüber, daß man seiner Mutter einfach verlorengehen kann." Ein Gefühl der Befreiung tritt vor allem dann ein, wenn die Mutter stets unbewußt festgehalten, „ihre Macht verteidigt" und die Auflehnung der heranwachsenden Tochter als allzu bedrohlich niedergehalten hat.

Der Psychoanalytiker Erich Fromm beschreibt in „Die Kunst des Liebens" mit besonderem Einfühlungsvermögen dieses schwierige Stadium der Mutter-Kind-Beziehung: „Ihre Liebe zum Kind verleiht ihrem Leben Bedeutung. Aber das Kind muß wachsen. Es muß den Mutterleib verlassen, sich von der Mutterbrust lösen; es muß schließlich zu einem völlig unabhängigen menschlichen Wesen werden. Wahre Mutterliebe besteht darin, für das Wachstum des Kindes zu sorgen, und das bedeutet, daß sie selbst wünscht, daß das Kind von ihr loskommt . . . Bei der Mutterliebe trennen sich zwei Menschen voneinander, die eins waren. Die Mutter muß nicht nur die Loslösung des Kindes dulden, sie muß sie sogar wünschen und fördern. Erst in diesem Stadium wird die Mutterliebe zu einer so schweren Aufgabe, die Selbstlosigkeit verlangt und die Fähigkeit fordert, alles geben zu können und nichts zu wollen als das Glück des geliebten Kindes. Auf dieser

Stufe kommt es auch häufig vor, daß Mütter bei der Aufgabe, die ihnen ihre mütterliche Liebe stellt, versagen. Einer narzißtischen, herrschsüchtigen, auf Besitz bedachten Frau kann es zwar gelingen, eine ‚liebende' Mutter zu sein, solange ihr Kind noch klein ist. Aber nur die wahrhaft liebende Frau, die Frau, die im Geben glücklicher ist als im Nehmen und die in ihrer eigenen Existenz fest verwurzelt ist, kann auch dann noch eine liebende Mutter sein, wenn das Kind sich im Prozeß der Trennung von ihr befindet. Die Mutterliebe zum heranwachsenden Kind, jene Liebe, die nichts für sich will, ist vielleicht die schwierigste Form der Liebe; und sie ist sehr trügerisch, weil es für eine Mutter so leicht ist, ihr kleines Kind zu lieben."

Ein hoher Anspruch – eines Mannes. Wer von uns Müttern könnte wohl von sich behaupten, ihm immer gerecht zu werden? Um wieviel schwerer konnten ihm dann erst Frauen nachkommen und haben es dennoch oft genug getan, die – eine Generation vor uns und vielfach ohne Beruf – zur Sicherung ihrer Identität weitgehend auf ihre Mutterrolle angewiesen waren?

Die Rolle des Vaters beim Tod der Mutter

In vielen Interviews sticht die Blässe der Vaterfiguren ins Auge, Indiz für die „vaterlose Gesellschaft", die die Männer im Leben ihrer Töchter zu meist berufsbedingt abwesenden Lebensunterhalts-Lieferanten schrumpfen läßt. Selbst wenn sie körperlich anwesend sind, werden sie von ihren Töchtern nicht selten als „geliebte Randfigur" (Marianne S.) erlebt, die – gibt es zwischen Mutter und Tochter Reibereien – „dabeisitzt und keinen Pieps macht". In diesem Fall wird dem Vater dann innerlich der Vorwurf gemacht, sich nicht wenigstens hin und wieder mildernd in den Erziehungsstil der dominanten Mutter eingemischt zu haben.

Es fiel mir auf, daß meist die Mutter als starker Rückhalt erlebt wird, und zwar für die ganze Familie – den Vater inbegriffen. So berichtet Anna R. über ihre Mutter: „Sie war sehr gläubig, und obwohl sie körperlich schwach war, haben wir uns alle an sie anlehnen können."

Stirbt die Mutter, empfindet die Tochter oft, auch den Vater ein

Stück verloren zu haben, denn das Elternhaus ist nun unwiederbringlich dahin. Um so mehr, als sich die Väter nach dem Tod ihrer Frauen häufig selbst verloren und hilflos fühlen. „Er schildert die Ehe mit ihr als Elysium", erinnert sich Petra B. Ihre Mutter hatte ihr die Sorge für den Vater noch am Sterbebett übertragen. Julia Z. konnte nach dem Tod ihrer Mutter nur schwer akzeptieren, daß ihr Vater „sich Vorwürfe macht und Schuldgefühle hat, meiner Mutter nicht genug gegeben, sie nicht genug geliebt zu haben", und allein keine Kraft mehr zu haben schien, sein Leben noch einmal in die Hand zu nehmen und selbst zu gestalten. Die Väter in den Interviews erscheinen keineswegs als die energischen Patriarchen, die sie nach außen hin vermutlich ihr Leben lang dargestellt haben. Manche Tochter erkennt erst nach dem Tod der sanften Mutter, daß diese „vermutlich doch die Stärkere war" (Petra B.).

Auf diese Weise wirft der Abschied von der Mutter ein ganz neues Licht auf die Beziehung der Eltern. Mitunter wird jedoch gerade mit dem „unterlegenen" Vater, „der meine Mutter anbetete und sein Leben lang die Zeitung aus der Hand legte, wenn sie etwas sagte" (Verena K.), stärker sympatisiert. Nur mit ihm, der doch ihr Stiefvater war, hätte sich Verena K. vorstellen können, als Erwachsene zusammenzuleben.

Wenig erfreuliche Eindrücke hinterließ hingegen der Vater von Renate S., der sich früh von ihrer Mutter scheiden ließ und sich hinfort für seine Tochter „nicht zuständig fühlte. Weder seelisch noch materiell." Bei Gisela H. kam der Vater im ganzen Gespräch gerade mal in einem Nebensatz vor. Es ist nicht verwunderlich, daß eben diese beiden Frauen besonders unter dem Abschied von ihrer Mutter gelitten haben und großen Wert auf berufliche und finanzielle Unabhängigkeit legten und legen.

Frauenrolle

Aus den Gesprächen geht deutlich hervor, wie tief die Mütter und deren bewußte oder unbewußte Auffassung von ihrer Rolle als Frau diejenige ihrer Töchter über den Tod hinaus beeinflußt haben. Julia Z. beispielsweise setzte sich am Sterbebett damit auseinan-

der, was sie von ihrer Mutter übernehmen und was sie – quasi als Aufgabe – nun selbst stärker zu entwickeln gedachte: „Ihr Vermächtnis ist für mich, daß ich Wärme geben will," sagt sie, die ihre Mutter sowohl in der Beziehung zu ihren Kindern als auch in der zu ihrem Mann als allzu kühl und kopfbetont erlebt hat und nun um so herzlicher mit ihrer eigenen Tochter umgeht.
Wie problematisch auch immer ihre Kindheit durch das Dominanzstreben der Mutter war, so positiv hat Verena K. hingegen deren Einstellung zum Frausein aufgenommen. Die unbekümmerte Kraftnatur lebte ihrer Tochter vor, „daß es etwas Besonderes war, eine Frau zu sein". Zu diesem Frausein gehörte in ihren Augen jedoch unabdingbar, „auch einen Mann zu haben". Es ist sicherlich kein Zufall, daß Verena K. seit vielen Jahren tatsächlich „einen Mann hat", beruflich aber, durchaus der starken Mutter ebenbürtig, auf ihrem Eigenleben besteht.

Wie die Beziehung – so der Abschied

Die Gespräche verdeutlichen einen Zusammenhang zwischen der Qualität der Mutter-Tochter-Beziehung und der späteren Fähigkeit der Tochter, die Mutter liebevoll bis zum Ende zu begleiten. Je wärmer und interessierter die Mütter früher auf die Belange ihrer noch hilfsbedürftigen Töchter eingehen konnten, um so größer scheint die Wahrscheinlichkeit zu sein, daß auch sie Trost und Unterstützung erfahren, wenn sie selbst hilflos geworden sind. Ein ungetrübtes Vertrauensverhältnis führte, wie beispielsweise bei Petra B., dazu, daß die Tochter ganz selbstverständlich für ihre sterbende Mutter da war und ihr die Zuwendung gab, die sie selbst von ihr bekommen hatte. Ebenso zwanglos schaltete sich Maria L. in die tägliche Pflege ihrer Mutter ein, während bei Marianne S., deren Mutterbeziehung keineswegs ungetrübt war, bereits das Pflichtgefühl überwog, als sie ihre Mutter zum Sterben zu sich nahm, sie pflegte und in der Todesstunde bei ihr war. Allzu viele – von der Mutter unbewußt verursachte – Verletzungen und Demütigungen standen zwischen den beiden Frauen, als daß sie noch eine echte Aussöhnung herbeiführen hätten können. „Ich hätte ihr alles verzeihen können, wenn sie nur ihre Fehler eingestanden hätte", bedauert Marianne S. heute. „Ich habe immer noch Schuldgefühle, weil ich am Ende nicht nett zu ihr war." Bezeichnend ist, daß Marianne S. sich am Friedhof immer wieder verläuft und das Grab ihrer Mutter nicht finden kann ...

Sahen sich die Töchter gezwungen, schon früh einen räumlichen Sicherheitsabstand zwischen sich und eine als allzu beherrschend und egoistisch empfundene Mutter zu setzen, bleibt auch am Lebensende der Mutter eine Distanz bestehen. So hat Verena K. bereits zwei Jahre vor dem Tod ihrer Mutter von dieser innerlich Abschied genommen, „als ich ihr einfach entschwunden war". Hat eine Tochter wie Julia Z. „von klein auf gegen die Mutter gekämpft" und sich die ganze Kindheit über gegen eine starke, aber auch kühle Persönlichkeit behauptet, schwingen Trotz und eine gewisse Provokation auch im Angesicht des Todes mit. Julia K. schlief, als sie die Todesnachricht telefonisch erhielt, spontan mit ihrem Freund, den sie nicht informierte. Sie erinnert sich: „Es war so schön – dieses Ja zum Leben und trotzdem dieser Abschied. Ich dachte dabei die ganze Zeit an meine Mutter und ob sie das jetzt wohl sieht ..."

„Meine Mutter strahlte eine Unzufriedenheit aus, die bei uns Schuldgefühle erweckt hat", sagt Friederike M. über ihre Kindheit. Folgerichtig sind Schuldgefühle bis zum Tod Bestandteil ihrer Beziehung zur Mutter geblieben. Sie sah sich außerstande, das als fordernd empfundene Wesen der Mutter ohne eine gewisse räumliche Distanz zu ertragen, quälte sich aber gleichzeitig weiter mit Schuldgefühlen. „Es war mein Fehler, daß ich sie nie zu Auseinandersetzungen gezwungen habe", sagt Friederike M. heute.

Mit einem Schuld-und-Sühne-Drama antiken Ausmaßes reagierte Helga L. auf den Tod ihrer beinamputierten Mutter, die bereits in der ersten Nacht im Altersheim, gegen das sie sich gesträubt hatte, starb. Diese Beziehung war von Anfang an gespannt gewesen, aber Helga L. litt unter schweren Selbstvorwürfen, die Mutter nicht doch bei sich behalten zu haben. Genau vier Wochen nach deren Tod brach sie sich das Bein. „Nun saß ich selbst im Rollstuhl und tat Buße", sagt Helga L. dazu.

„Die Menschen sterben, wie sie gelebt haben, und man muß es akzepieren", meinte Julia Z. im Gespräch. Dies gilt im besonderen für den Abschied von den menschlichen Bindungen, die sie im Lauf ihres Lebens eingegangen sind.

Von einer Sterbestunde, die das Klima zwischen den Familienmitgliedern positiv verdeutlichte, berichtet Anna R.: Die Mutter, eine Bäuerin, starb im Arm der Tochter, umgeben von ihrer Großfamilie – so aufgehoben und schlicht, wie diese Menschen alle seit Generationen zusammen gelebt und gearbeitet haben.

Todestag

Beim Nachdenken über den eigentlichen Tag des Abschieds sticht ins Auge, wie relativ häufig der Todestag der Mutter auf einen ganz bestimmten Termin, beispielsweise Weihnachten, Muttertag oder bedeutsame Familiendaten – „sie hat noch ihren Geburtstag abgewartet" – fällt. Sind darin nun sich sonderbar häufende Zufälle zu sehen, oder ist es immerhin denkbar, daß manche Sterbende abwarten, bis ihr Leben sich an einem bestimmten Tag „vollendet" hat? Wäre es nicht vorstellbar, daß eine todkranke Mutter ein Zeichen setzt, indem sie ausgerechnet an einem Muttertag ihren letzten Atemzug tut?
Die Mutter von Renate S. schien dem Tode schon sehr nahe, aber sie erwachte noch einmal, um den Krankenschwestern ihre Geschenke zu geben und mit ihnen noch ein Glas Sekt zu trinken, bevor sie nach diesem beinahe heiteren Abschied an Weihnachten starb.
Ist es Zufall, wenn eine Mutter in der ersten Nacht im Altersheim stirbt, in das sie gegen ihren Willen gebracht wurde? Und wie ist es zu verstehen, wenn eine Todgeweihte erst dann zu sterben vermag, wenn sich die verzweifelte Tochter gerade aus der Klinik auf den Heimweg gemacht hat? Aus – gerechnet?
Die Ärztin und Todesforscherin Elisabeth Kübler-Ross hat dieses Phänomen häufig beobachtet. In ihrem Buch „Leben, bis wir Abschied nehmen" schreibt sie: „Wir erkannten bald, daß Patienten nicht nur wissen, daß sie sterben, sondern auch *wann* sie sterben werden. Sie geben dies in symbolischer, verbaler oder non-verbaler Sprache zu erkennen. Kinder zum Beispiel tun das in Bildern, die deutlich ausdrücken, daß sie von ihrer Krankheit, ihrem bevorstehenden Tod und sehr oft sogar vom Zeitpunkt ihres Todes wissen."

Auch meine Interviewpartnerin Julia Z. meinte beim langsamen Krebstod ihrer Mutter eine Art zeitlich notwendigen Ablauf, beinahe eine Dramaturgie zu spüren: „Auch dies letzte Ereignis hat eine Spannungskurve. Die Menschen kommen noch mal alle, sie sind alarmiert, geben sich Mühe, nehmen sich Zeit, kommen von weit her. Aber wenn sich das endlos hinzieht, kommen sie eben nicht mehr jedes Wochenende. Ich hatte richtig Angst für sie, daß das schließlich abebbt. Aber sie ist genau zum richtigen Zeitpunkt gestorben. Genau auf dem Höhepunkt der Kurve. Das hat mich sehr beeindruckt. Auch daß sie ihren 65. Geburtstag noch abgewartet hat." Es scheint keine Rolle zu spielen, ob der Mensch „abgefunden mit seinem Schicksal" oder in angstvoller Auflehnung stirbt – offenbar wohnt dem Ende des Lebens eine gewisse Abfolge inne, die manchmal „wie inszeniert" wirkt (Petra B.).

Versäumnis und Schuldgefühle

Der endgültige Abschied von der Mutter ruft – so belegen die Interviews – in Töchtern die unterschiedlichsten, oft sich widersprechende Gefühle hervor: Trauer, Wut, Wehmut, Angst, Erleichterung. Und leider auch sehr oft das Bewußtsein, etwas versäumt zu haben. „Ich dachte, ich hätte noch so viel Zeit, mit ihr zu reisen und etwas mit ihr zu unternehmen", sagt Gisela H., die heute anderen Menschen rät, „nichts zu versäumen. Man glaubt, eine Mutter lebt ewig."

„Sie wurde zuletzt aggressiv zu mir. Und ich habe nicht die richtige Form gefunden, mit ihr umzugehen", bedauert Ute K., und Anna R., die wegen der schweren Arbeit auf dem Bauernhof mit ihrer Mutter vor deren frühem Tod „nicht die Zeit für engen Kontakt" hatte, achtet heute besonders darauf, in dieser Hinsicht „bei meiner Tochter nichts zu versäumen". Das Gefühl, vielleicht etwas Wichtiges unterlassen zu haben, taucht auch auf, wenn das Verhältnis zur Mutter von gegenseitigem Verständnis getragen und überwiegend harmonisch war. Mit intensiven Schuldgefühlen jedoch scheinen sich vor allem Töchter mit einer problematischen Mutter-Beziehung zu plagen. „Es tut mir weh, daß wir unversöhnt auseinandergegangen sind", sagt Marianne S., obwohl sie ihre „ Pflicht

tat“ und ihre Mutter zu sich nahm. Nicht einmal die Anwesenheit in der Sterbestunde scheint die Last dieser unglücklichen Liebe gänzlich von ihren Schultern nehmen zu können.
Auch für Friederike M. scheint das Schuldproblem noch nicht ausgestanden, zumal die Bindung in der Kindheit besonders eng war und sich erst durch Ausbildung und Wegzug in eine andere Stadt lockerte: „Ich liebte sie sehr, litt bei Trennungen unter schrecklichem Heimweh, während sie meine Anhänglichkeit genoß . . . Ich habe erst nach der Ablösung von meiner Mutter ihre Egozentrik wahrgenommen“, sagt sie. Friederike M. schlug sich lang mit Schuldgefühlen herum, weil sie ihre Mutter in einem nahe bei ihrem Haus gelegenen Altersheim unterbrachte. „Sie konnte wegen des Büros meines Mannes nicht zu uns ziehen, aber ich muß zugeben, daß mir dieser Umstand ganz gelegen kam“, ergänzt Friederike M. Sie war ebenfalls beim Tod der Mutter während eines Besuchs im Heim dabei, hielt ihre „zarte, noch immer wunderschöne Hand“, als ihr Leben verlosch. Doch auch in diesem Fall konnte die Anwesenheit die Schuldgefühle der Tochter lediglich mildern, die die Mutter, ohne es zu wollen, unterschwellig geschürt haben mag.
„Die Schuldgefühle drückten mich zu Boden“ sagt Helga L. beim Gedanken an das furchtbare Ende der neun Monate, die ihre nach einem Venenleiden beinamputierte Mutter als Pflegefall bei ihr und ihrer Familie verbracht hat. Die Mutter hatte sich von Anfang an geweigert, in ein Heim zu gehen, Helga L. suchte – ebenfalls von Anfang an – einen Heimplatz: „Wahrscheinlich hat sie mich nicht ernst genommen.“ Diese Mutter-Tochter-Beziehung war bereits in der Kindheit von Helga L. belastet gewesen, wie aus dem Interview hervorgeht, vermutlich vor allem durch unbewußte Rivalität um die Liebe des warmherzigen Vaters. Als die Mutter schon während der ersten Nacht im Altersheim starb, saß der Schock bei Helga L. tief: Genau vier Wochen später brach sie sich, bezeichnenderweise beim Wegräumen der Sachen ihrer Mutter, das Bein, das rechte, das auch ihrer Mutter amputiert worden war, und „bestrafte“ sich auf diese Weise selbst. Monate auf Krücken und zwei Operationen folgten, immer an Terminen, die mit dem Leiden der Mutter in Beziehung standen. Helga L. sieht darin einen Zusammenhang: „Es ging eine dämonische Kraft von ihr aus, die nicht von mir

abließ", sagte sie mir im Gespräch.
Doch selbst in guten Beziehungen bleiben manche Dinge unerledigt, besonders wenn der Tod unerwartet kommt. Wer könnte von sich behaupten, nie eine liebe Geste, ein klärendes Gespräch, eine gemeinsame Unternehmung versäumt zu haben? Wer hätte nichts gutzumachen an Ungeduld, Zeitmangel, Ungerechtigkeit oder auch nur an Nicht-zuhören-Können? Petra B., die ein ungetrübtes Verhältnis mit ihrer Mutter verband, meint dazu: „Ich war leider mit meinem eigenen Leben viel zu sehr beschäftigt, um wirklich auf ihre Probleme einzugehen. Aber wer hätte gedacht, daß ihre Zeit so knapp bemessen ist?"
Ganz wesentlich scheint es für Töchter und ihre Bewältigung der Trauer dennoch zu sein, sich vor dem Sterben der Mutter nicht zu drücken, ihr so gut wie möglich beizustehen und Angst, Qual und Entsetzen standzuhalten. „Nein, Schuld empfinde ich ihr gegenüber nicht", sagt Petra B. denn auch im Interview, „vielleicht durch diesen letzten Moment, den ich bei ihr war . . . Ich hätte gern mehr von ihr gewußt oder mir mehr Zeit genommen, aber ich war da, als sie starb. Das ist wohl doch der Punkt."
Ob dieser letzte Liebesdienst der Tochter für die Mutter allerdings möglich wird, entscheiden die Umstände des Todes ebenso wie die Art der Bindung, die Mutter und Tochter – fehlerhafte und vielfach seelisch verletzte Menschen wie wir alle – im Laufe eines Lebens aufzubauen imstande waren.

Sterbehilfe

„Man hätte ihr sicher die letzten 14 Tage erspart, wenn die Möglichkeit bestanden hätte", sagt Maria L. über den qualvollen Tod ihrer Mutter, die wenige Wochen vor ihrem Ende sogar selbst versucht hatte, sich das Leben zu nehmen. Ihre Mutter, unheilbar krebskrank und von unsagbaren Schmerzen gepeinigt, mußte sogar noch einen Transport in die Klinik ertragen, wo sie dann starb, ohne daß jemand bei ihr sein konnte. Maria L.: „Ich frage mich, warum es nicht eine andere, menschlichere Lösung gibt, das Leiden eines Menschen zu Hause zu beenden."
Auch Renate S. erinnert sich an die letzten Stunden am Sterbebett

ihrer Mutter: „Ihr Ende war furchtbar. Wasser stieg auf aus ihren verkrebsten Lungen und gurgelte hoch. Sie bekam keine Luft mehr. Ich konnte es nicht mehr ertragen und weinte verzweifelt."
Hier drängt sich die Frage auf, ob und inwieweit es vertretbar ist, die Leiden Todgeweihter abzukürzen, zumal spontanes Mitleid den Gedanken an aktive Sterbehilfe (Euthanasie) nahelegt. Die enorme Erweiterung der medizinischen Möglichkeiten, Leben zu erhalten und Sterben hinauszuzögern, erzwingt geradezu eine Beschäftigung mit deren moralischen Grenzen. Wann wird Lebensverlängerung zur bloßen Leidensverlängerung? Ab wann kann man von einer Zerstörung der Menschenwürde sprechen? Wann steht hinter dem Wunsch Todkranker nach Sterbehilfe nichts anderes als der Wunsch nach besserer Schmerzlinderung und menschlicher Begleitung beim Sterben? Diesen Aspekt betonen jedenfalls Menschen, die sich überwiegend mit Todgeweihten beschäftigen, wie beispielsweise die Sterbeforscherin Elisabeth Kübler-Ross oder Mitarbeiter und Mitarbeiterinnen von Hospizen. Sie lehnen jede Art von aktiver Euthanasie, wie sie etwa in Holland unter gewissen Bedingungen erlaubt ist, prinzipiell ab. Angesichts unseriöser „Sterbehelfer", die zu Wucherpreisen Zyankali an Todkranke verhökerten, bis ihnen der Staatsanwalt Einhalt gebot, kann diese Einstellung nicht verwundern.
Nach Beobachtungen von Elisabeth Kübler-Ross verlangen Todkranke, sobald ihnen ausreichende Schmerzlinderung mit Morphinen zuteil wird, wie es der Stand der Wissenschaft heute durchaus erlaubt, keineswegs mehr nach der „Todesspritze", sondern sind durchaus willens, jeden Tag, der ihnen noch geschenkt wird, zu leben. Dies kann, unterstützt von Hospizhelfern und -helferinnen, zu Hause in der gewohnten Umgebung geschehen, oder – wenn das nicht möglich ist – in einem festen Hospiz oder einer entsprechenden Station für palliative Medizin (Schmerzbekämpfung) eines Krankenhauses.
Nicht den Tod fürchten Sterbende vor allem, berichten viele Hospizschwestern, sondern Schmerzen und Einsamkeit am Ende des Lebens. Deshalb wäre es unendlich wichtig, *rechtzeitig* Unterstützung durch Hospizhelfer zu holen, die dem Sterbenden und seiner Familie medizinisch und seelisch zur Seite stehen.
Diese Meinung teilt auch Gisela H., die den plötzlichen Tod ihrer

Mutter auf einer Urlaubsreise miterleben mußte. „Es sollte mehr Hausärzte geben, die sich um Alte und Sterbende in deren gewohnter Umgebung kümmern. Manchmal sehe ich in den Krankenhäusern Menschen, die nicht mehr viel Leben in sich haben. Ich denke dann, daß jeder von ihnen jemanden haben sollte, der seine Hand hält, wenn er stirbt. Die Schwestern können das nicht immer. Es sollte Menschen geben, die freiwillig zu Todkranken gehen, damit sie jemanden in der Nähe haben und nicht allein auf einem Korridor sterben müssen."

Der verpaßte Abschied

Die meisten meiner Gesprächspartnerinnen haben den bevorstehenden Abschied gegenüber ihren Müttern nicht angesprochen. Zum einen aus der Scheu heraus, die Mutter zu schockieren, zum anderen aus Angst, dem nahen Tod der Mutter wirklich ins Auge zu sehen. „Ich wollte wohl nicht wissen, wie es um sie stand. Ich glaube, ich hätte den Gedanken, daß sie jetzt stirbt, kaum ertragen", sagt Ute K. im Interview. Und Petra B.: „Es wird so wenig gesprochen, wenn es ans Abschiednehmen geht . . . Ich habe mich nie getraut, das anzuschneiden."

Ein Bedauern, nie richtig Abschied genommen zu haben, ist fast immer geblieben. Wer mag ermessen, wie viele Sterbende aus Rücksicht auf ihre Angehörigen einen wirklichen Abschied vermeiden, obwohl sie im Inneren wissen, wie es um sie steht? Es ist bedrückend, sich vorzustellen, wie einsam sich beide Seiten fühlen und wie allein ein Mensch sein muß, der sein Wissen um seinen baldigen Tod für sich behält.

„Schön fände ich, wenn man wirklich voneinander Abschied nehmen könnte. Ganz bewußt. Aber da würde eine andere Einstellung zum Tod dazugehören", sagt Ute K., die seit dem Tod der Mutter als Altenpflegerin arbeitet und nach und nach einen neuen Zugang zu Alter und Tod gewinnt. „Man müßte schon viel früher, beim Älterwerden, über den Tod, das Abschiednehmen reden können. Das wird ja fast völlig verdrängt", setzt sie hinzu.

Aus der allgemeinen Tabuisierung des Todes heraus fällt es uns so unendlich schwer, das Thema Sterben anzusprechen, wenn es

eigentlich angebracht wäre. Nämlich dann, wenn es darum geht, einem wichtigen Menschen für immer, oder – je nach Überzeugung – zumindest für lange Zeit adieu zu sagen.
In einer geschwätzigen Zeit hüllt sich der Tod in Schweigen. Sterbende schweigen, Angehörige schweigen, und alle Beteiligten bringen sich dadurch um eine zwar überaus schmerzliche, aber ebenso tiefgehende Erfahrung. Die wenigen Menschen, die es geschafft haben, die Mauer des Verstummens und der Angst zu durchbrechen, sprechen nach dem Tod eines geliebten Menschen „von den innigsten Tagen, die wir je miteinander hatten". Doch wieviel Zartgefühl, Liebe und Mut gehören auf beiden Seiten dazu, das Tabu zu brechen und zu erahnen, ob der andere dies auch ertragen kann und will ...
Nach Auffassung von Sterbeforschern ist es ratsam, möglichst sensibel auf die Andeutungen der Kranken oder auch auf ihr beharrliches Nicht-wissen-Wollen einzugehen. Niemand hat das Recht, einem Sterbenden die Wahrheit aufzudrängen. Es gibt – so Elisabeth Kübler-Ross – Menschen, „die es verzweifelt nötig haben, ihre Krankheit zu leugnen". Das müsse man ihnen gestatten, ohne sie deshalb zu verurteilen. Sie hätten oft ihr ganzes Leben mit Hilfe von Verdrängungen bestritten und bräuchten diese Unterstützung erst recht am Ende ihres Lebens.
Beeindruckend finde ich die schlichte Wahrhaftigkeit, mit der in einem siebenbürgischen Bauernhaus in den fünfziger Jahren mit dem Abschied vom Leben umgegangen werden konnte. Die Mutter meiner Interviewpartnerin Anna R. wußte, daß sie sterben würde, sie sprach offen davon, und Familie sowie Dorfgemeinschaft wußten es auch. Als es dem Ende zuging, versammelten sich alle Angehörigen um die Mutter und blieben bei ihr, bis sie im Arm ihrer Tochter gestorben war. „Schau, wie sie alle schlafen. Nur wir zwei sind noch wach", waren die letzten Worte einer Mutter, die in Klarheit und Geborgenheit davongehen konnte.
Gewiß, eine bäuerliche Großfamilie am Rande des Orients folgte und folgt anderen Gesetzen als eine Kleinfamilie einer westlichen Industriestadt. Unter Bauern dieser Generation gehörte das ewige „Stirb und Werde" nun einmal ebenso zum alltäglichen Leben wie tiefverwurzelte Religiosität. Aber denkt man an das hierzulande allzuoft übliche, einsame „Ableben" hinter einem Paravant in

einem Klinikflur oder auf einer High-Tech-Intensivstation, weiß man, was so fragwürdig geworden ist an unserem Umgang mit dem Tod.

Die Frage nach dem Danach

Nicht eine meiner Interviewpartnerinnen vermied im Angesicht des Todes ihrer Mutter die Frage nach einem Danach. So unterschiedlich wie die Frauen waren auch ihre Deutungen. Doch ist es beeindruckend, daß in unserer angeblich so rationalen Zeit nur wenige dieser durchweg modernen, lebenstüchtigen, zumeist berufstätigen Frauen und Mütter eine Existenz jener Dinge generell in Abrede stellen, „ von denen sich unsere Schulweisheit nichts träumen läßt". Wenn sie dies dennoch tun, verraten kleine Nebensätze oft ganz unbewußt ein Quentchen jenseitiger Hoffnung. So sieht Verena K. ihre Mutter zwar keineswegs „auf einer Wolke sitzen", kann sich aber andererseits „schlecht vorstellen, daß so ein rasantes, buntes Leben einfach ganz und gar zu Ende ist". Für Verena K. ist der Tod nicht unbedingt erschreckend, denn schon als junges Mädchen, als ihr Leben mit der temperamentvollen Mutter ziemlich chaotisch verlief, ging sie manchmal zur Familiengruft und empfand es „als große Beruhigung, daß irgendwann einmal alles vorbei ist und Ruhe einkehrt".

Petra B. hingegen ist sicher, daß ihre Mutter „noch um mich, um uns ist". Sie spürt immer wieder Kontakt, mehr als ein Jahrzehnt nach dem Abschied, „wenn ich ans Grab gehe oder an sie denke. Ich nehme diese Verbindung auch an und versuche, etwas nachzuholen." Ähnliches fühlt Renate S., die ebenfalls nach vielen Jahren noch „ Zwiegespräche mit ihr führt" und sich dabei ertappt, wie sie mütterliche Verhaltensweisen übernimmt. An eine Art Fortleben der Mutter in ihren Kindern glaubt Maria L.: „Sie lebt weiter in mir, sonst nicht", sagt sie knapp, schließt jedoch an: „Sie gibt mir Kraft, wenn ich Probleme lösen muß." Auch Ute K. sieht ihre Mutter eher in ihrem Inneren weiterleben als in einer anderen Dimension: „Ich fühle sie ganz stark." Einige Töchter bemerken, und dies bestimmt nicht immer freudig, daß sie ihren Müttern mit den Jahren immer ähnlicher werden, ja daß sie sogar Eigenschaften annehmen, die sie früher an diesen abgelehnt haben. Nicht „in Form von Geistern, die in der Nähe sind", sieht denn auch Gabi G. Mutter und Großmutter weiterleben, sondern eher „als Eigenschaften, Meinungen, Bewegungen, die ich von ihnen übernommen habe". Selbst wenn Töchter ein wie auch immer geartetes Jenseits ablehnen, so ist die Verbindung mit der Mutter in keinem Fall mit deren Tod plötzlich wie abgeschnitten. Und sei es, indem das Gefühl einer noch anstehenden Klärung, eines unerledigten Restes zurückbleibt wie bei Marianne S.: „Es ist nicht ausgestanden zwischen uns", bedauert sie.

Wie intensiv diese Verbindung gespürt wird, ob sie als tröstlich oder belastend erfahren wird, hängt mit der vorausgegangenen Mutter-Kind-Beziehung zusammen. „Ich bin in meiner Beziehung zu ihr Kind geblieben und denke, daß sie vielleicht mein Schutzengel geworden ist . . . Ich lasse sie immer noch an meinem Leben teilhaben. Die Nabelschnur zwischen uns ist nicht zerrissen", sagt Gisela H., die von einer warmen, fürsorglichen und vertrauensvollen Bindung berichtet.

Als „dämonische Kraft, die nicht von mir abließ", versteht hingegen Helga L. den Einfluß ihrer toten Mutter, mit der sie eine schwierige Beziehung verband. Helga L. ist von einem Leben nach dem Tod überzeugt, berichtet sogar von jenseitigen Erfahrungen, hat aber „Angst vor dieser unbekannten Welt". Ganz ruhig sieht hingegen Josephine H. jener Welt entgegen, von deren Existenz sie zweifelsfrei überzeugt ist. Seit einem Herzinfarkt, bei dem sie selbst dem Tod nahe war, ist sie sicher: „Wir werden von unseren Müttern abgeholt, wenn wir sterben."

Auch nach deren Tod blieb die kämpferische Beziehung zwischen Julia Z. und ihrer Mutter bestehen. Während der ganztägigen Totenwache, die sie am Sterbebett der Mutter hielt, war sie gewiß gewesen, „daß sie irgendwo noch anwesend war", und fühlt sich auch heute noch „ manchmal beobachtet". Julia Z. reagiert darauf der Beziehung entsprechend trotzig, getreu jener „Haßliebe", die sie im Gespräch beschreibt.

Buchstäblich aus heiterem Himmel überfiel Christine H. die Vision ihrer sterbenden Mutter, die von ihr Abschied nahm und sie um Verzeihung bat. Dies Phänomen scheint um so erstaunlicher, als Christine H.s Mutter während der Kriegswirren vermißt und längst für tot erklärt worden war, Christine H. als Waise bei ihren Tanten aufwuchs und nur bruchstückhafte Erinnerungen an ihre Mutter hatte. Dennoch gab es für sie keinerlei Zweifel, daß „in diesem Augenblick meine Mutter gestorben war". Trotzdem ist Christine H. entschlossen, nicht an eine Art Kontaktaufnahme aus einer anderen Dimension zu glauben, sondern erklärt die Vision mit Telepathie. In ihren Augen ist man so lange nicht wirklich tot, „wie die Kinder noch an einen denken".

Aus der Sicht der Sterbenden indessen scheint in vielen Fällen die Hoffnung auf ein Weiterleben nach dem Tod – oft unausgesprochen – bestanden und den Abschied vom Leben, der ja letztlich immer allein vollzogen werden muß, erleichtert zu haben. Aus den Interviews geht hervor, daß die meisten Mütter, so wenig über den Tod gesprochen wurde, Trost und Halt in einem Glauben fanden. „Möglicherweise ist Glaube eine kleine Krücke, die uns allen ganz guttut, wenn wir Angst haben", räumt Gisela H. ein.

Vielleicht ist diese „Krücke" ganz besonders hilfreich für Todkranke, die sich über ihr nahes Ende insgeheim im klaren sind, sich aber nicht mit ihren Angehörigen aussprechen. „Meine Mutter wollte über den Tod nicht sprechen . . . Bis heute weiß keiner von uns, ob sie von ihrem nahen Sterben wußte. Sie hat aber am Ende . . . noch einmal kurz die Augen geöffnet. Meine ganze Familie, alle Geschwister und mein Vater saßen um sie herum, außer mir. Sie erzählten später, ihr Blick sei noch einmal über alle hinweggeschweift – konzentriert, gesammelt – eine Träne sei ihr langsam über das Gesicht gelaufen", berichtet Julia Z. über den Abschied ihrer Mutter.

„Es wird so wenig gesprochen miteinander, wenn es ans Abschiednehmen geht", sagte mir Petra B. Welches Armutszeugnis bedeutet es doch für unsere Kultur, für uns alle, daß wir uns den für uns wichtigsten Menschen in solch einem Moment nicht mitzuteilen wagen. Man muß allerdings respektieren, daß in dieser Zeit der „coolness" sicherlich manche sehr introvertierte Sterbende ihr Ende lieber mit sich und ihrem Herrgott abmachen. Vielleicht erblicken sie gerade darin die Bewahrung ihrer Würde und einen letzten Liebesdienst für ihre Angehörigen, ganz und gar allein, ohne Aufhebens und ohne jemanden mit einer „tränenreichen Abschiedsszene" zu strapazieren, ihren letzten Weg anzutreten. Der Tod ist in diesem Jahrhundert so unsagbar, so fürchterlich geworden, daß ihn kaum jemand beim Namen zu nennen wagt, selbst wenn er – offensichtlich für alle Beteiligten – vor der Tür steht. Indem wir es nicht über uns bringen, mit Angehörigen, die uns zeigen, daß sie dies wünschen, über den Abschied zu sprechen, verurteilen wir heute sie und morgen uns selbst zu einem schweigenden Tod, der zutiefst isoliert.

Der eigene Tod rückt näher

„Die Endlichkeit ist mir durch ihren Tod sehr klar geworden“, sagt Petra B. Ich traf kaum eine Tochter, für die der eigene Tod durch den Abschied von der Mutter nicht wenigstens für einige Zeit bedrohlich näher oder überhaupt erst in den Bereich des Denkbaren gerückt ist. „Wenn ich so alt werde wie meine Mutter, habe ich keine 15 Jahre mehr zu leben“, ergänzt Petra B. Aus der verschärften Erkenntnis der eigenen Sterblichkeit können entsprechende Lehren gezogen werden: „Man müßte vielleicht so leben, daß man am nächsten Tag sterben könnte und mit seinen Lieben alles ausgestauscht hätte“, heißt es da.

„Mir wurde bewußt, daß man mit 59 Jahren ganz plötzlich sterben kann“, sagt Gisela H. „Ich versuche, so zu leben, daß wir ein rundes, abgeschlossenes Dasein haben, selbst wenn einer von uns heute sterben würde. Ich will, daß wir jeden Abend so einschlafen, daß der Tag abgerundet und in Ordnung ist . . . Jeder Lebenstag hat in sich seine Berechtigung. Diese Einstellung hängt mit der Wahrnehmung des Todes zusammen“, hat Julia Z. durch den frühen Tod ihres Lebensgefährten und den ihrer Mutter erkannt.

Manche Töchter ziehen aus dem Erlebnis eines leichten Todes Trost und Zuversicht: „Als sie starb, war sie ganz Frieden, mit einem feinen Lächeln auf den Lippen . . . seither habe ich keine Angst mehr vor dem Tod“, sagt Gabi G., und weiter: „So machen es die Frauen meiner Familie: Sie beschließen eines Tages zu sterben, und dann tun sie es auch. So haben es die Naturvölker immer gemacht . . . Ich wünsche mir, auch einmal so friedlich zu gehen.“

Trat der Tod der Mutter allzu früh und durch schwere Krankheit verursacht ein, beeinflußt er die Einstellung der Tochter vielfach negativ. So hat er bei Ursula S. eher Ängste geschürt als abgebaut: „Der Abschied von meiner Mutter hat nicht dazu geführt, daß ich mich mit meinem eigenen Ende beschäftige. Es ist wahrscheinlich zu beängstigend“, gibt sie zu.

Bei aller Auseinandersetzung mit dem Sterben der Mutter, bei aller Trauer, dringt die eigene Endlichkeit nur selten auf Dauer ins Bewußtsein. Der Tod bleibt etwas, das anderen zustößt. Wenige von uns sind dazu bereit, sich dem eigenen Tod als unausweichlicher Zukunftsperspektive anzunähern. Auch wenn der Tod allmählich ins Gespräch kommt: Wer kann schon mit der Vorstellung umgehen, eines strahlenden Sommertages einfach nicht mehr da zu sein?

Der Tod unserer Mütter, die mit uns so eng verstrickt und in der Generationenfolge unmittelbar vor uns „an der Reihe“ sind, wäre für uns Töchter eine Gelegenheit, der dunklen Seite unserer Existenz so ehrlich, wie wir es ertragen, näherzukommen und dadurch unser kurzes Leben in klarerem Licht zu sehen. Die Kluge in einem der schönsten Märchen-Gleichnisse hat es uns vorgemacht: Sie brachte den Mut auf, in den tiefen Brunnen zu springen, und fand sich am Grunde inmitten Frau Holles sonniger Blumenwiese wieder . . .

Gedanken zum Schluss

Wie können wir besser mit dem Tod umgehen?

Was ist zu tun? Wie können wir zu einem anderen Umgang mit dem Tod unserer Mütter, unserer Väter, mit unserer eigenen Sterblichkeit finden? Was kann der einzelne und was sollte die Gemeinschaft unternehmen, um die aktuellen Ansätze eines Umdenkens weiter zu unterstützen? Wie kann eine offenere, menschlichere Einstellung zum Tod in praktisches Leben umgesetzt werden?
Meine Gesprächspartnerinnen haben in den Interviews wesentliche Punkte bereits angedeutet: „Es wird so wenig gesprochen, wenn es ans Abschiednehmen geht", bedauert Petra B. „Erst ist da immer noch die Hoffnung, und man redet davon, wie man die nächste Zeit gestalten wird, um den Lebenswillen der Kranken zu erhalten ... Der Übergang von der Phase des Hoffens zur Phase der Todesnähe, der kam sehr schnell und fließend. Als man hätte über den Tod reden können, war meine Mutter schon zu schwach oder durch Medikamente ‚neben sich'. Einen früheren, geeigneten Zeitpunkt habe ich verpaßt."
Maria L. berichtet: „Meine Mutter wurde wegen rasender Schmerzen noch vom Notarzt in die Klinik eingewiesen. Dort ist sie kurz darauf gestorben. Es war niemand bei ihr. Ich frage mich, warum es nicht eine andere, menschlichere Lösung gibt, das Leiden eines Menschen zu Hause zu beenden. Ich möchte nicht so sterben, wie meine Mutter gestorben ist. Man hätte heute in Sterbe-Hospizen die Möglichkeit, schmerzfrei die letzten Tage zu verbringen."
„Ich hätte gern mit ihr übers Sterben gesprochen ... Ich komme nicht damit zurecht, daß sich die Menschen so wenig gedanklich mit ihrer Sterblichkeit auseinandersetzen ... Ich selbst möchte

bewußt sterben und Abschied nehmen. Ich habe das bei meiner Mutter als so traurig empfunden, daß sie im Angesicht des Todes diese Chance nicht wahrgenommen hat", betont Julia Z.
Auch Ute K. übt Kritik am gegenwärtigen Umgang mit Alter und Sterben: „Man müßte viel früher, schon beim Älterwerden, über den Tod, das Abschiednehmen, reden können . . . Ich arbeite in einem Altenpflegeheim und halte den alten Menschen oft die Hand. Die wollen gar nicht mehr loslassen, so warten sie auf Zuwendung. Wenn es Besucher gibt, spüre ich auch da die Hilflosigkeit . . ."
Gisela H. macht konkrete Vorschläge: „Man sollte schon als junger Mensch von seinen Eltern dazu angeleitet werden, den Tod ins Leben miteinzubeziehen und mit ihm umgehen zu lernen. Vor allem sollte man nicht wegschauen, wenn so etwas in der näheren Umgebung geschieht. Man sollte die Gedanken schon früh tiefer werden lassen und sich überlegen, was wäre, wenn der Vater, die Mutter, der Bruder heute nicht mehr da wäre, und dies Gefühl nicht einfach beiseiteschieben. Dies würde auch zu einer Klärung der inneren Beziehung zu jenem Menschen beitragen."
Die Frauen sprechen damit an, was wir im Umgang mit dem Tod häufig so falsch machen: Die Scheu, mit sterbenden Angehörigen über den Tod zu sprechen, die vielen Versäumnisse, weil wir den Gedanken an die Sterblichkeit verdrängen, das Alleinlassen alter und kranker Menschen in Heimen, das immer wieder verpaßte Abschiednehmen.
Was können wir lernen von anderen Frauen, die uns aufrichtig daran Anteil nehmen lassen, wie der Tod ihrer Mütter ihr Leben veränderte? Welche Schlüsse können wir aus ihren Versäumnissen und Ängsten, die auch die unseren sind, ziehen? Was können gerade die Mütter unter meinen Leserinnen ihren Töchtern und auch Söhnen mitgeben, damit sie einmal offener mit dem Tod – mit unserem Tod – umgehen?

Abschiednehmen lernen

Zuallererst müßten wir bewußter Abschied nehmen lernen. Jeder Lebensabschnitt trägt, wie das Leben selber, bereits ein Ende, eine

Trennung in sich. Der Abschied von der Kindheit bedeutet den Anfang der Selbständigkeit, der Abschied vom Frühling bringt den Sommer. Aber wer Abschied nimmt, muß wohl auch den Trennungsschmerz, die Trauer aushalten, und das haben wir, im Gegensatz zu früheren Generationen, ziemlich verlernt. Die Psychoanalytiker Margarete und Alexander Mitscherlich schildern diesen kollektiven Verdrängungzustand in ihrem berühmten Buch „Die Unfähigkeit zu trauern".

Paradoxerweise fordert gerade unser schnellebiges, mobiles Zeitalter mehr Abschiede als je zuvor: Bereits Schulkinder ziehen im Gefolge der Berufskarriere ihrer Eltern von einer Stadt in die andere, wechseln mehrmals die Schule, den Freundeskreis. Flexibilität ist gefragt, Umschulungen im Beruf sind an der Tagesordnung. Nicht einmal die Familie kann angesichts einer Scheidungsrate von nahezu 50 Prozent in deutschen Großstädten noch einen verläßlichen Fixpunkt bieten. Die Trends wechseln rapide, was gestern galt, ist heute schon out. Sogar der neueste Stand der Wissenschaft ist ständig überholt. Vielleicht verschließen wir deshalb mehr als je vor Verlusten die Augen, bleiben cool. Vielleicht sind es einfach zu viele Abschiede geworden?

Aber das unbetrauert Verlorene kann innerlich nicht wirklich zurückgelassen werden. Nur der zugelassene Schmerz kann schließlich echten Trost bieten und frei für Neues machen. Doch anstatt negative Gefühle der Trauer und des Verlustes auszuhalten, fliehen wir in immer neue Zerstreuungen, in Konsum, Raffgier, Arbeit und Räusche aller Art. Wir verhindern unsere seelische Reifung und treten auf der Stelle, besonders wenn wir uns schließlich zwangsläufig am letzten großen Abschied, jenen am Sterbebett, vorbeimogeln. Diese Haltung geben wir an unsere Kinder weiter.

Bewußtes Abschiednehmen, Loslassen, Hergeben sollte im Alltag geübt und auch besprochen werden. Schon mit den Kindern. Aber wer geht ihnen in unserer Instantgesellschaft schon mit gutem Beispiel voran und lehrt sie, daß durchgestandener Kummer nicht nur ärmer, sondern auch reicher machen kann? Rainer Maria Rilke hat das so formuliert:

Wenn etwas uns fortgenommen wird,
womit wir tief und wunderbar zusammenhängen,
so ist viel von uns selber fortgenommen.
Gott aber will, daß wir uns wiederfinden,
reicher um alles Verlorene
und vermehrt um jeden unendlichen Schmerz.

Verluste ertragen

Wer am Sterbebett seiner Mutter – und nicht nur der Mutter – Trauer, Angst und Abschiedsschmerz auszuhalten gelernt hat, kann im Leben, als Partner, Freundin oder Elternteil, ein bißchen besser imstande sein, Dinge und Menschen freizulassen. Abschied, Tod und Liebe hängen zusammen, weil im Grunde nur jene Liebe einigermaßen selbstlos auf das Wohl des anderen bedacht sein kann, die auch gelernt hat, Abschied zu nehmen und Verlustangst zu ertragen. Das zeigt sich gerade Müttern am deutlichsten, wenn ihre Kinder flügge werden. Nicht wenige Mutter-Tochter-Beziehungen kranken lebenslang – die Interviews in diesem Buch belegen es – an der meist versteckten, angstvollen Reaktion der Mütter auf die Abnabelung ihrer Töchter in der Pubertät. Diese eigentlich unreife, doch nur allzu verständliche Verlustangst wird durch die Abwesenheit der Väter in unserer Gesellschaft noch geschürt.

Kinder freilassen

Manche Mütter reagierten auf die Selbständigkeit ihrer Töchter – je nach Temperament – mit offenem Druck, mit stillschweigender Verhinderungstaktik, mit dem Hervorrufen von Schuldgefühlen. Erstaunlich viele aber auch ganz schlicht mit Wärme, Verständnis und selbstverständlichem Verzicht. Aus manchen Protokollen spürt man Gereiztheit, unterdrückte Aggression heraus, die durch die Unmöglichkeit entstanden ist, mit der Mutter Konflikte auszutragen. Wie wichtig wäre es demnach, mit seinen Kindern offen über den Prozeß des Loslösens zu sprechen und die damit zusam-

menhängenden „Wachstumsschmerzen" auf beiden Seiten auch zuzugeben.
Weniger Töchter sähen sich gezwungen, von ihren Müttern so weit wie möglich Abstand zu nehmen oder sich nur aus Pflichtgefühl um sie zu kümmern. Es ist offensichtlich, daß diejenigen Mütter den besten Kontakt zu ihren erwachsenen Töchtern hatten und am Ende auch am selbstverständlichsten begleitet wurden, die es schafften, sie in Liebe gehen zu lassen. „Die Kinder loslassen, abgeben, ihren eigenen Bedürfnissen überlassen zu können ist der elterlichen Bindung gleichrangig", betont der Psychohygieniker Michael L. Moeller. Mit diesem schmerzhaften Abschied, vielleicht der „schwierigsten Form der Liebe", haben die Mütter – haben wir – auch ein Stück Sterben gelernt.

Arbeit an uns selbst

Bewußter Abschied braucht Zeit. Die nehmen wir uns nicht, weil wir Angst davor haben, der Trauer und einem gewissen Maß an Einsamkeit, wie es nun einmal zum Erwachsensein gehört, ins Auge zu sehen. In einer Ära innerer und äußerer Hektik nervt der langsame Prozeß der Trauer, der allmählicheren Auseinandersetzung mit sich selbst. Die Psychologin und Leiterin des Stuttgarter Hospizdienstes, Daniela Tausch-Flammer, weiß jedoch aus eigener Erfahrung, wie wichtig es ist, sich dieser nur langsam reifenden Erfahrung zu stellen: „Durch die Krebserkrankung meiner Mutter mußte ich mich mit meiner Angst vor Sterben und Tod auseinandersetzen. Ich habe erfahren, daß sich die Angst vor dem Tod verringert, wenn ich vor dieser Tatsache unserer Endlichkeit nicht fliehe, sondern mich der Angst öffne, darüber mit anderen spreche und den Sterbenden in dieser Zeit begleite. Erstaunlicherweise hat sich gerade durch die Auseinandersetzung mit meiner Endlichkeit auch die Angst vor dem Leben vermindert, habe ich zu einer tieferen Freude gefunden – Freude an den sogenannten Kleinigkeiten, wie an einem blühenden Baum, an einem Duft, am Wind, an der Sonne, an einem Lächeln. Der Gedanke an die Begrenztheit meines Lebens hier auf der Erde hilft mir, mich immer wieder für die Kostbarkeit, die Wunder des Lebens zu öffnen. Sterben und Tod sind für mich so zu einem inneren Schulungsweg geworden, veranlassen mich, mich immer wieder zu fragen: Lebe ich so, daß ich bereit wäre zu sterben? So ist die Begleitung von Menschen in der Zeit des Sterbens immer wieder Arbeit an mir selbst.“

Das Alter wieder mehr einbeziehen

Ganz konkret heißt das, daß wir unsere Sterblichkeit und die, die uns daran erinnern, nämlich Alte und Kranke, wieder mehr in unser alltägliches Leben einbeziehen müßten. Wie kann das in unserer Welt der Kleinfamilien und Wohnwaben für Singles geschehen?

Alternativen zum angstvollen Abschieben des Alters sind möglich und werden in einigen Städten und Gemeinden bereits in der Praxis erprobt: Sogenannte alternative Wohnmodelle zum „Mehr-Generationen-Wohnen“ in einer gemeinsamen Anlage sind schon Realität. Die meisten Bewohner solcher Projekte äußern sich Presseberichten zufolge sehr zufrieden. Jung und Alt – im Familienverband oder auch nicht – wohnen dabei unter einem Dach oder „um die Ecke“ und helfen sich gegenseitig aus. Damit wird nicht nur erreicht, daß die „Senioren“, ohne zu vereinsamen, in ihrer gewohnten Umgebung leben und nützlich bleiben können, sondern auch, daß die Kinder ganz selbstverständlich täglich mit alten Menschen und damit mit der Vergänglichkeit Umgang haben. Die Solidarität zwischen den Generationen wird wieder gefördert, Fremdheit und Abwehr abgebaut.

Letzte-Hilfe-Kurse

Solche Wohnprojekte mit eventuell angegliederter Pflegeabteilung erscheinen mir weit menschlicher als die übliche Gettoisierung alter, schwerkranker und pflegebedürftiger Menschen. Die Realisierung der Pflegeversicherung in Deutschland ab 1. April 1995 und das in Österreich seit Juli 1993 an Pflegebedürftige ausbezahlte Pflegegeld mag durch die finanzielle Entlastung pflegender Angehöriger dazu beitragen, ihre Bereitschaft, Alte und Kranke in der Familie zu behalten, zu erhöhen. Spezielle Seminare für Angehörige über den Umgang mit Sterbenden, eine Art „Letzte-Hilfe-Kurse", und die Beschäftigung mit den Ergebnissen der Sterbeforschung täten ein übriges, die Situation zu verbessern. Inzwischen bieten Hospizdienste längst auch Trauergruppen für Hinterbliebene an.

Mobile Dienste

Einen weiteren wichtigen Punkt stellt der Ausbau mobiler Pflegedienste dar, wie beispielsweise die der Caritas und der Diakonie, ebenso Einrichtungen wie der Heimservice „Essen auf Rädern", die insgesamt ein Zu-Hause-Bleiben im Alter auch bei Hilfsbedürftigkeit unterstützen. Hier gehen uns die skandinavischen Länder wieder einmal mit gutem Beispiel voran. Auch den Hospizdiensten fällt die Aufgabe zu, die überall vorhandene Hilfsbereitschaft zu fördern und Angst und Unsicherheit gegenüber Sterbenden abzubauen.
Hospizschwestern sind dank palliativer (schmerzbekämpfender) Spezialausbildung auch in der Lage, eine ausreichende Schmerztherapie zusammenzustellen, damit Patienten nicht wegen unerträglicher Schmerzen noch ins Krankenhaus müssen. Sie sind in der Lage, in der gewohnten Umgebung zu bleiben und am Familienleben so lange wie möglich Anteil zu haben.

Kindern den Tod zu-muten

Ohne Aufhebens bleibt der Kranke, die sterbende Großmutter, der Opa, dort in Kontakt mit dem Nachwuchs der Familie, der wiederum lernt, Krankheit und Tod als Tatsache hinzunehmen. Viel hinge im Interesse eines allmählichen Umdenkens der nächsten Generation davon ab, auf die Kraft der Kinder zu vertrauen, ihnen diesen schmerzhaften Prozeß zuzumuten, mit ihnen darüber offen zu sprechen und sie auch nicht von den Toten fernzuhalten. So wird ihnen nicht nur vor Augen geführt, daß jedes Leben nun

einmal ein Ende hat, sondern auch, daß Trauer und Abschied ertragen und überwunden werden können. Noch um die Jahrhundertwende nahmen Kinder ganz selbstverständlich am Ritual des Sterbens im Familienkreis teil, waren in den letzten Stunden und auch beim Beten am Sarg dabei.
Neuere Forschungen über langfristige Reaktionen von Kindern auf einen Todesfall ergaben, um wieviel besser es auch heute für ihre seelische Gesundheit wäre, nicht aus Schonung belogen und der Möglichkeit des Abschiednehmens beraubt zu werden. Ähnliche Offenheit fordert Elisabeth Kübler-Ross für Kinder, die selbst auf den Tod zugehen. Sie ahnen ihr Sterben meist ohnehin voraus und verdeutlichten in Bildern, wie ihre Seele als Schmetterling den Kokon verläßt oder wie ein bunter Luftballon zum Himmel schwebt.

Angst ist legitim

Damit will ich den Tod und die Brutalität, mit der er in unser Leben eingreift, keineswegs kitschig verklären. Jede Kreatur kämpft ums Überleben und fürchtet instinktiv das Ende. Das ist legitim. Selbst Jesus Christus durchlitt nicht nur am Kreuz, sondern bereits im Garten Gethsemane alle Qualen einsamster Todesangst. Erst als er eine Nacht lang durch diese Angst hindurchgegangen war, vermochte er zu sagen: „Dein Wille geschehe." Wir sollten deshalb nicht wie die Jünger schlafen, sondern Sterbenden in ihrer Angst beistehen. Wenn wir es schaffen, das Sterben humaner zu gestalten, tragen wir auch zu einem humaneren Leben bei.

Hospizbewegung

Menschlich leben bis zuletzt

Claudia B. sitzt am Bettrand. Bittet um einen Spiegel und einen Kamm. Sie will hübsch aussehen für unser Gespräch. „So hübsch es eben geht", sagt sie wehmütig. Ihr Gesicht ist blaß, die dunklen Augen riesengroß. Claudia B. hat Lungenkrebs, wurde vor gut einem Jahr operiert, mit Chemotherapie behandelt. Jetzt gilt sie als „austherapiert". Die Ärzte können nur noch ihre Schmerzen lindern.

„Da, sehen Sie, meine Arme, halb so dünn wie früher", sagt mir die 42jährige leise. Und da kommen die Tränen. Hospizschwester Eva sitzt bei ihr, hält die Kranke im Arm, streichelt ihr übers Gesicht, tröstet, wärmt, hält, wo es scheinbar keinen Halt mehr gibt. Sie arbeitet bei einem der ambulanten Hospizdienste in Deutschland, die Todkranken und deren Angehörigen medizinisch und menschlich beistehen und sich für ein würdiges Leben bis zum Ende einsetzen.

Claudia B. wird in den letzten Wochen ihres Lebens von einem ambulanten Team versorgt. Ihre Schwester kommt selten, sie kann das Leiden, den bevorstehenden Abschied nicht allzu oft ertragen. Die Kranke wird nicht in einer Klinik, sondern in ihrer Wohnung und auch von ihrer erwachsenen Tochter, die noch studiert, versorgt. „Manchmal breche ich fast zusammen unter der Last", sagt Verena B. leise. „Ohne die Helfer würde ich das alles nicht schaffen. Weder seelisch noch körperlich."

Das Team: eine ehrenamtliche Hospizhelferin, ein Arzt, der die nötigen Schmerzmittel verschreibt, Schwester Ruth von einer kirchlichen Einrichtung für die Körperpflege und Schwester Eva, die koordiniert und informiert. Wie hält sie den ständigen Umgang mit Sterbenden aus? „Ich stelle mich von Anfang an auf den bevorstehenden Abschied von meinen Patienten ein", sagt sie.

Die Hospizbewegung ist noch jung: Lang hielt sich in Deutschland – belastet durch die Nazi-Vergangenheit – das Vorurteil vom Sterbegetto. In den Nachbarländern ist man weiter: 1967 gründete die britische Ärztin Cicely Saunders in London das „Saint Christopher Hospice". Inzwischen gibt es rund 2000 solcher Einrichtungen in aller Welt, davon 13 feste Häuser – insgesamt über 70 Hospizinitiativen – in Deutschland. In Österreich gab es 1978 im Rahmen der Caritas Wien erste Kurse für Sterbebegleitung. Die österreichische Sektion der „Internationalen Gesellschaft für Sterbebegleitung und Lebensbeistand" hat 1988 ein ambulantes Hospizteam in Wien initiiert. Finanziert werden diese Mitarbeiter durch Beiträge, Spenden und Zuschüsse von Kirchen und Orden.

Die Anhänger der Hospizbewegung plädieren dafür, Todkranke mit Opiaten und anderen hochwirksamen Schmerzmitteln zu versorgen. Dadurch sollen die Menschen ihre letzte Lebensphase schmerzfrei und bei einigermaßen klarem Bewußtsein verbringen können. Ein qualvolles, einsames Ende, „menschenunwürdig", wie es 75 Prozent des deutschen Klinikpersonals laut einer Umfrage empfinden, bleibt den Patienten so erspart.

Auf medizinische Versuche der krampfhaften Lebensverlängerung wird bewußt verzichtet. Dafür gehen die Hospizschwestern und -helfer um so mehr auf die Todkranken ein, behandeln sie als Menschen und nicht als hilflose Objekte oft aufgezwungener therapeutischer Maßnahmen. Gepflegt werden sollen die Todkranken, Alten, Gebrechlichen im Idealfall ambulant zu Hause, im Kreis ihrer Angehörigen, in der vertrauten Umgebung. Ist das nicht möglich, werden sie in festen Hospizen umfassend stationär betreut. Mit ihrer Arbeit wollen die Hospizler ein „humanes Modell des Sterbens verwirklichen, das den Tod als natürlichen Endpunkt des Lebens akzeptiert und den Menschen hilft, so würdevoll wie möglich zu sterben". Unheilbar Kranke sollen voll Liebe aus ihrem Erdendasein geleitet werden, ähnlich wie – im umgekehrten Sinn – Babys durch liebevolle Hebammen „auf die Welt kommen".

Aktive Sterbehilfe lehnen die Hospizler jedoch kategorisch ab. Anders als in den Niederlanden, wo Euthanasie in bestimmten

Fällen erlaubt ist, glauben die Hospizhelfer in Deutschland daran, daß kein unheilbar Kranker nach dem Tod verlange, wenn er durch optimale Pflege und Schmerztherapie nicht nur „am Leben", sondern bis zuletzt „im Leben" gehalten werde.

Schwester Eva ist gelernte Krankenschwester, hat in der Onkologie (Abteilung Turmorerkrankungen) einer großen Klinik gearbeitet und eine Zusatzausbildung für palliative Medizin (Schmerzbekämpfung) hinter sich. Ihre schwere Arbeit im täglichen Umgang mit Sterbenden – vorwiegend Tumorpatienten – fordert sie seelisch und körperlich bis an die Grenzen, vermittelt ihr aber auch das tiefe Gefühl eines sinnerfüllten Lebens: „Der endgültige Abschied von meinen Patienten tut jedesmal weh. Es ist deshalb wichtig, eine Hoffnung, einen Glauben zu haben, der einen stützt."

„Sehr eng und gut" arbeiten diese ambulanten Dienste mit den festen Häusern der Hospizbewegung zusammen. Seit Jahren können Todkranke, die nicht zu Hause bleiben können, dort stationär gepflegt werden. Keine Schläuche oder Apparate, keine Klinikhektik stören die freundliche Atmosphäre, höchstens die Pflegebetten erinnern daran, daß hier Menschen ihre letzte Lebenszeit verbringen. Aufenthaltsräume, wo geplaudert werden kann, manchmal sogar ein Raucherzimmer. Hier ist jeder willkommen, der Hilfe braucht. Ohne Ansehen der Person, des Glaubens oder auch der Krankenversicherung.

„Ich habe durch meine Arbeit hier das Leben besser schätzen gelernt. Ich lebe dankbarer und bewußter. Gerade durch den täglichen Umgang mit Sterbenden weiß ich, daß jeder Tag ein Geschenk ist und keine Selbstverständlichkeit", sagt Schwester Josepha, verantwortlich für die Krankenpflege, heiter und lächelt dabei. Überhaupt – das Lachen. Immer wieder klingt es auf. Im Flur, in den Zimmern. Auch und gerade im Hospiz . . .

Epilog

Das Schönste und Tiefste, was der Mensch erleben kann, ist das Gefühl des Geheimnisvollen. Es liegt der Religion sowie allem tieferen Streben in Kunst und Wissenschaft zugrunde. Wer dies nicht erlebt hat, erscheint mir, wenn nicht wie ein Toter, so doch wie ein Blinder. Zu empfinden, daß hinter dem Erlebbaren ein für unseren Geist unerreichbar Verborgenes liegt, dessen Schönheit und Erhabenheit uns nur mittelbar und in schwachem Widerschein erreicht, das ist Religiosität. In diesem Sinne bin ich religiös. Es ist mir genug, dieses Geheimnis staunend zu erahnen und zu versuchen, von der erhabenen Struktur des Seienden in Demut ein mattes Abbild geistig zu erfassen.

Albert Einstein

Hospizadressen

Überregionale Organisationen

Arbeitsgemeinschaft Hospiz der evangelischen Kirche, Diakonisches Werk Baden-Württemberg, Heilbronnerstr. 180, D-70191 Stuttgart 1, Tel: 0711 / 165 62 00

Bundesarbeitsgemeinschaft Hospiz, Scheidter Str. 5 a, D-66133 Saarbrükken-Scheidt, Tel: 0681/81 61 51

Deutsche Hospizhilfe e.V., Reit 25, D-21224 Buchholz, Tel: 04181/ 388 55

OMEGA Mit dem Sterben leben e.V., Kasseler Schlagd 19, D-30419 Hannover-Münden 1, Tel: 05541/ 711 30 und 53 56

Internationale Gesellschaft für Sterbebegleitung und Lebensbeistand e. V., Im Rheinblick 16, D-55411 Bingen 1, Tel: 06721/ 103 28

Centre de Soins continus, Chemin de la Savonniere 11, CH-1245 Collonge-Bellerive

Österreichischer Dachverband von Initiativen für Sterbebegleitung und Lebensbeistand „Menschenwürde bis zuletzt", A-1040 Wien, Viktorgasse 14/10, Tel: 0222 /504 56 60

Hospize und Palliativstationen in Deutschland

Katharinenhospiz am Park, Mühlenstr. 1, 24937 Flensburg

Hospiz zum heiligen Franziskus, Bochumerstr. 188, 43661 Recklinghausen

Hospiz Heimersdorf, Pater Dionysiusstr. 14, 50767 Köln

Altenpflegeheim Haus Hörn, Johannes von der Drieschweg, 52074 Aachen

Elisabeth-Hospiz, Ümmichbach 5, 53797 Lohmar-Deesem

Hospiz zur heiligen Elisabeth, Pfarrgasse 5, 57368 Lennestadt 1

Hospiz „stella maris", Bruchgasse 14, 53894 Mechernich

Hospiz Luise, Kaiserstr. 21, 69115 Heidelberg

Hospiz Sonnenlicht, Ettlingerstr. 39 b, 76337 Waldbronn

Haus Maria Frieden, Auf der Hub 1, 77784 Oberharmersbach

Palliativstationen in Deutschland

Krankenhaus Spandau, Lynarstr. 12, 13585 Berlin 20

Allg. Krankenhaus Barmbeck, Rübenkamp 148, 22307 Hamburg 60

Kliniken Dr. Hancken GmbH, Harsefelder Str. 8, 21680 Stade

Medizinische Universität, Anästhesie, Ratzeburger Allee 160, 23562 Lübeck

St. Joseph Hospital, Wiener Str. 1, 27568 Bremerhaven

Evangelisches Krankenhaus Göttingen-Weende, An der Luther 24, 37075 Göttingen

Elisabeth Krankenhaus, Postfach 20 02 40, 45632 Recklinghausen
Chirurgische Universitätsklinik, Joseph-Stelzmann-Str. 9, 50937 Köln 41
Kreiskrankenhaus Marienhöhe, Mauerfeldchen 25, 52146 Würselen
Robert-Janker-Klinik, Baumschulallee 12-14, 53115 Bonn
Malteserkrankenhaus, Von-Hampesch-Str. 1, 53123 Bonn
St. Elisabeth Krankenhaus, Postfach 13 49, 56503 Neuwied
St. Michaels Krankenhaus, Kühlweinstr. 103, 66333 Völkingen
Marienhospital, Böheimstr. 37, 70178 Stuttgart
Johannes Hospiz, Romanstr. 93, 80639 München 19

Hospize in der Schweiz

Rieveneuve, Clos-du-Moulin, 1844 Vielleneuve
Lighthouse, Hebelstr. 90, 4056 Basel
Lighthouse, Carmenstr. 42, 8032 Zürich

Hospize und Initiativen in Österreich

IGLS, Int. Gesellschaft für Sterbebegleitung und Lebensbeistand, 1070 Wien, Rhigasgasse 5/2/28
Hospiz-Team der Caritas Wien, 1090 Wien, Müllnergasse 16
Hospiz-Station St. Raphael, 1170 Wien, Dornbacher Str. 20–28
Caritas-Ausbildungszentrum, 1090 Wien, Seegasse 30
CS-Hospiz „Rennweg" der Caritas Socialis, 1090 Wien, Pramergasse 9
Bildungshaus Lainz, 1130 Wien, Lainzer Str. 138
SEKO, 1050 Wien, Hamburgerstr. 3
Planungsgruppe für Sterbebegleitung des Evangelischen Diakoniezentrums, 1040 Wien, Große Neugasse 36–42
ARGE Haus des Friedens, 1080 Wien, Schmidtgasse 2
Besuchsdienst Mödling „Sterbebegleitung", 2340 Mödling, Viechtlgasse 5
Hospizbewegung Baden „Hilfe daheim", 2500 Baden, Weilburggasse 12/9
OÖ-Hospizbewegung, 4021 Linz, Kapuzinerstr. 84
Hospiz-Bewegung der Caritas Salzburg, 5020 Salzburg, Gausbergstr. 27
Tiroler Hospiz-Gemeinschaft, 6020 Innsbruck, Erlerstr. 12
Vorarlberger Hospiz-Verein, 6800 Feldkirch, Vorstadt 14
Sterbebegleitung, 6710 Nenzing
Sterbebegleitung, 6820 Frastanz
Hospiz Graz, Bildungshaus Mariatrost, 8044 Graz, Kirchbergstr. 18
Caritas Kärnten, 9010 Klagenfurt, Sandwirtgasse 12
Evangelische Seelsorge für Sterbebegleitung, 9020 Klagenfurt, Linsengasse 7

Diese Liste legt keinen Wert auf Vollständigkeit.

Literatur

Améry, Jean: Über das Altern; Stuttgart 1979
Ariès, Philippe: Geschichte des Todes; München 1991
Caruso, Igor A.: Die Trennung der Liebenden; München 1974
Beauvoir, Simone de: Ein sanfter Tod; Reinbek 1968
Beauvoir, Simone de: Das andere Geschlecht; Reinbek 1968
Beauvoir, Simone de: Das Alter; Reinbek 1972
Beutel, Helmut/ Tausch, Daniela: Sterben – eine Zeit des Lebens; Stuttgart 1989
Berg, Lilo (Hrsg.):" When I'm sixty-four" – Alter und Altern in Deutschland; München 1994
Betz, Otto: Worte zum Abschied; Freiburg 1986
Franck, Barbara: Ich schau in den Spiegel und sehe meine Mutter; München 1986
Fromm, Erich: Die Kunst des Liebens; Frankfurt/M. 1980
Friday, Nancy: Wie meine Mutter; Frankfurt /M. 1979
Habel, Luise: Sterben heißt leben; München 1991
Kübler-Ross, Elisabeth: Über den Tod und das Leben danach; Melsbach 1987
Kübler-Ross, Elisabeth: Was können wir noch tun? Stuttgart 1978
Kübler-Ross, Elisabeth: Leben, bis wir Abschied nehmen; Stuttgart 1979.
Moody, Raymond A.: Leben nach dem Tod; Reinbek 1977
Mitscherlich, Alexander: Die Unfähigkeit zu trauern; Frankfurt/M. 1983
Noll, Peter: Diktate über Sterben und Tod; Zürich 1984
Philipe, Anne: Ich höre dich atmen; Reinbek 1989
Steindl-Rast, H.: Fülle und Nichts; München 1984
Schachtner, Christel: Störfall Alter – für ein Recht auf Eigen-Sinn; Frankfurt/M. 1988
Tausch-Flammer, Daniela: Sterbenden nahe sein; Freiburg 1993
Zorn, Fritz: Mars; München 1977